AF314798

COMPTE RENDU

DES TRAVAUX

DE

L'ASSEMBLÉE PROVINCIALE

QUI S'EST TENUE

À Dijon, les 7, 8 et 9 Mai 1889

À L'OCCASION DU

CENTENAIRE DE 1789

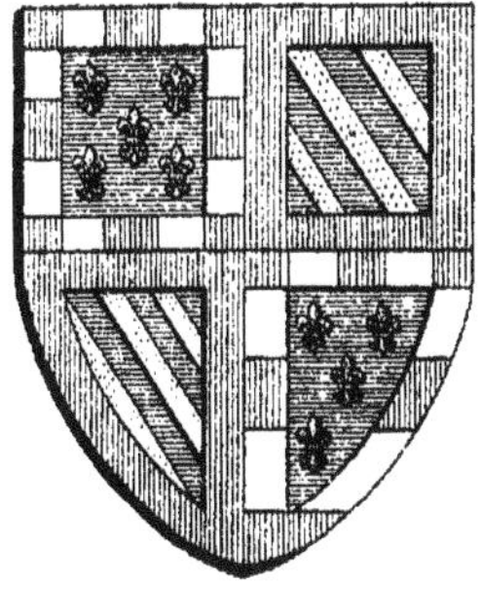

DIJON

IMPRIMERIE ET LITHOGRAPHIE EUGÈNE JOBARD

—

1890

COMPTE RENDU

DES TRAVAUX

DE

L'ASSEMBLÉE PROVINCIALE

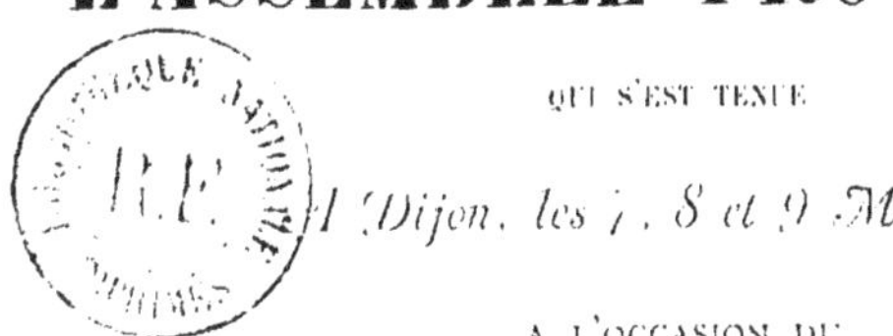

QUI S'EST TENUE

A Dijon, les 7, 8 et 9 Mai 1889

A L'OCCASION DU

CENTENAIRE DE 1789

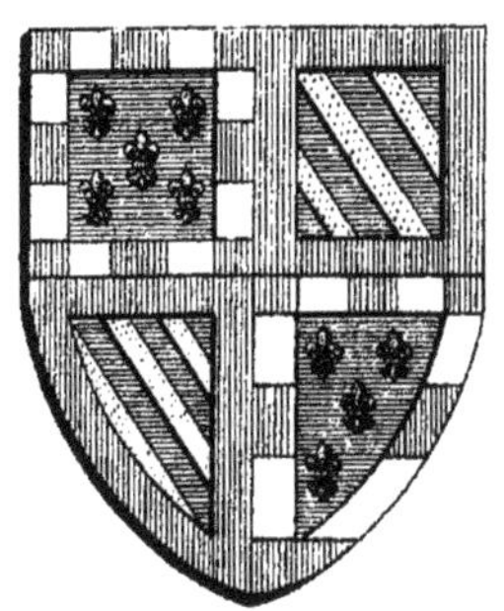

DIJON

IMPRIMERIE ET LITHOGRAPHIE EUGÈNE JOBARD

1890

Nous publions, pour donner satisfaction au désir exprimé par un grand nombre de nos amis, le compte rendu des travaux de l'Assemblée provinciale qui s'est réunie à Dijon les 7, 8 et 9 mai dernier, à l'occasion du centenaire de 1789.

Dans toute la France, des assemblées analogues ont été tenues, et si, dans ce premier essai de groupement régional, quelque inexpérience s'est parfois manifestée, leurs résultats pris dans leur ensemble ont été de nature à justifier les espérances des promoteurs de cet intéressant mouvement.

On trouvera dans ce compte rendu les vœux adoptés par l'Assemblée sur les différentes questions qui lui étaient soumises et les rapports lus en séance après avoir été élaborés au sein des commissions.

Nous ne ferons au sujet de ces documents qu'une réflexion.

De toutes les discussions, de toutes les observations

échangées, soit dans les commissions, soit dans les séances générales, de tous les vœux, de toutes les doléances, de tous les travaux soumis à l'assemblée et qui ont reçu son assentiment, ressort une constatation sur laquelle tous ses membres ont été d'accord.

C'est que la France qui, depuis un siècle, semble prendre à tâche d'écarter de son organisation sociale toute idée, toute préoccupation religieuse, ne retrouvera la prospérité, la stabilité et la grandeur qu'en rétablissant dans ses institutions et dans ses lois le respect de la loi divine.

DISCOURS DU PRÉSIDENT

VŒUX

Le 7 mai 1889, les membres de l'Assemblée provinciale réunie à Dijon se sont rendus à la chapelle annexée à l'église Notre-Dame, pour assister à la messe du Saint-Esprit.

Après la messe, célébrée par M. l'abbé Ramousset, vicaire général, le R. P. de Geyer a adressé à l'auditoire une chaleureuse et éloquente allocution.

Après avoir félicité les hommes de foi qui venaient invoquer le Saint-Esprit avant de mettre en commun les travaux fruit de leurs études et de leur expérience, il leur a rappelé que le mal dont souffre la France, mal dont elle mourra peut-être si on ne s'efforce d'y porter remède, remonte plus haut que 1789. Mais c'est 1789 qui lui a fourni sa formule scientifique dans la Déclaration des droits de l'homme.

La déclaration des droits de l'homme, c'est la substitution de l'homme à Dieu, c'est la proclamation de sa souveraineté absolue, on pourrait dire de sa divinité. Car celui-là est souverain qui a tous les droits et n'a que les devoirs qu'il veut bien s'imposer, c'est-à-dire aucun.

La déclaration des droits de l'homme, c'est le renversement de tout principe religieux et social. Là où il n'y a pas de devoir, il n'y a pas de lien moral et, partant, pas de société possible, ni religieuse ni civile. Sans doute l'homme a des droits, et l'on n'a pas attendu 1789 pour les proclamer. Quinze siècles avant l'Evangile, elle se fit, cette déclaration des droits de l'homme, sur le mont Sinaï, au milieu des éclairs et des tonnerres : c'est le Décalogue. Voilà le vrai Code de l'humanité, qui renferme à la fois ses devoirs et ses droits, et qui, depuis, a été couronné par les articles additionnels et perfectionnements de l'Evangile. Les droits de l'homme, ils sont là. Si chacun ne sortait pas de la limite de ses droits, et était fidèle aux devoirs qui en découlent, la société n'aurait pas besoin de réformes ; si l'on veut travailler efficacement au salut de la patrie, il faut agir sous l'empire du respect du droit et de la pratique du devoir.

L'Assemblée s'est ensuite réunie à l'hôtel du Jura, dont les salons avaient été aménagés pour la circonstance.

Il a été immédiatement procédé à l'élection du Bureau, qui, aux termes du règlement, devait comprendre un Président, un Secrétaire général, un Secrétaire et les Présidents des quatre groupes entre lesquels les membres de l'Assemblée devaient se répartir.

Ont été successivement élus :

Président : M. le vicomte DE MAYOL DE LUPÉ, propriétaire à **Nuits** ;

Secrétaire général : M. DE SAINT-LOUP, ancien magistrat, avocat à Dijon :

Secrétaire : M. POISOT, avocat à Dijon.

Présidents des quatre Commissions :

1re COMMISSION. — Religion, famille, mœurs, instruction, secours et assistance : M. BRESSON, avocat à Dijon.

2e COMMISSION. — Intérêts publics, pouvoirs publics, justice, service militaire, finances : M. CANTEL, ancien Premier Président de la Cour de Dijon, et, pour le cas d'empêchement, M. JULHIET, ancien Président de Chambre à la même Cour.

3e COMMISSION. — Agriculture : M. EMILE PÉTIOT, Président de la Société d'agriculture de Chalon-sur-Saône, propriétaire à Chamirey (Saône-et-Loire).

4e COMMISSION. — Industrie : M. RAGOT, industriel à Autun.

M. de Lupé a pris alors la parole et prononcé le discours suivant :

MESSIEURS,

Si je pouvais oublier un instant mon insuffisance devant la tâche que vous m'invitez à remplir, je voudrais que ma première parole fût une parole de remerciement pour l'honneur que vous voulez bien me faire. Mais l'honneur que l'on reçoit ne va pas sans le péril que l'on court, et je n'aurai point la hardiesse de vous remercier, lorsque je songe à tous les titres qui me manquent pour répondre à votre appel, lorsqu'au lieu de me féliciter, je dois penser à m'excuser, et que mon besoin le plus pressant est de chercher dans cette excuse même la seule raison que je puisse avoir de prétendre à votre bienveillance.

En promenant mes regards sur cette Assemblée, je demeure confus et troublé. Qui suis-je, en vérité, pour élever ici la voix ? Un homme de bonne volonté, sans doute ; mais vous êtes tous des hommes de cette trempe, et si j'interrogeais les noms de beaucoup d'entre vous, si j'examinais vos œuvres, si j'étudiais les services rendus, je n'aurais plus qu'à me taire, et, plutôt que de parler, il me conviendrait d'écouter, en prenant place au milieu de vous, car ceci serait mon droit, et je puis y prétendre. Ce droit, Messieurs, je le revendique sans modestie, non pas comme un hôte étranger auquel vous feriez accueil, mais comme un hôte qui, dans vos hospitalières prévenances, retrouve un parfum de la famille, comme un hôte dont le cœur vibre vraiment à l'unisson du vôtre, parce que dans le sang qui le fait battre, il y a du sang bourguignon.

Et, en effet, si les liens de mon origine paternelle m'unissent à d'autres provinces, à la Provence, à ce Forez, qui vient de nous envoyer ses doléances et ses vœux, en signe d'alliance et de fraternité, les liens de ma descendance maternelle m'attachent à votre sol, qui, de plus, est mon sol natal. Ces derniers liens ne peuvent m'être plus chers que les premiers ; mais il est, vous le savez, quelque chose de particulièrement doux et tendre dans les affections où se reflète l'image aimée, l'image sainte d'une mère, et c'est d'un tel sentiment que j'entends me prévaloir, en donnant avec vous le salut d'un filial amour à cette province de Bourgogne, que tous, ici, nous avons l'ambition d'apprendre à servir, pour mieux savoir servir la France.

Votre Assemblée, Messieurs, n'est point une de ces réunions où le vain bruit de la parole produit une manifestation passagère, ne laissant après elle qu'un souvenir vague, confus et trop souvent peu digne de mémoire. Vous êtes venus pour faire un acte; tout acte exige un effort, et tout effort est un travail. Or c'est bien là le caractère propre de votre réunion : vous voulez travailler, travailler à dissiper les ombres qui nous enveloppent et à faire paraître la lumière, faible encore, qui doit nous guider vers de nouveaux horizons. Sans doute il est nécessaire de converser entre nous, il est nécessaire de parler pour nous concerter, nous éclairer, pour reconnaître ensemble la route à suivre, marquer la tâche qu'il y faut accomplir, le but qu'il faut atteindre. Mais la parole doit être brève et rapide, comme il convient à des hommes qui entendent déjà sonner l'heure de l'action et qui se rangent en bataille, prêts tout à la fois aux luttes douloureuses du présent, aux réparations victorieuses de l'avenir, prêts à jeter dans le sanglant sillon de nos discordes civiles la bonne semence du dévouement, prêts aussi à recueillir la moisson qu'auront fécondée leurs souffrances et leur labeur.

Vous voulez travailler, Messieurs, et vous n'avez pas attendu d'être ici pour vous mettre à l'œuvre. Vous avez fait une enquête sur notre état social; vous avez étudié, comparé, et maintenant vous allez conclure. Vos délibérations ne seront point un passe-temps oratoire ; mais restreintes à l'examen pratique des questions qu'a soulevées votre enquête, elles vous permettront de coordonner vos opinions. Sur certains points, peut-être, se produiront des appréciations divergentes ; ce sera l'occasion d'exercer parmi vous cet esprit de contrôle et de justice qui recherche dans la contradiction même le motif d'un examen plus complet, d'un jugement plus sûr.

Les questions que vous avez à traiter sont complexes ; elles peuvent être envisagées sous des aspects divers, et c'est à la condition d'en voir toutes les faces que vous donnerez à l'expression de vos vœux la force et l'amplitude dont ils ont besoin pour être librement acceptés par les intelligences droites et sincères. Ces intelligences, il faut les conquérir, et vous le pouvez faire ; il doit vous suffire, afin de pénétrer jusqu'à elles, de les convaincre et de les rallier, qu'elles n'aient ni préjugés ni partis pris, si ce n'est celui de prendre parti pour toute vérité démontrée. La vérité, Messieurs, c'est là ce qui manque à notre siècle ; aimez-la passionnément et vous la ferez aimer ; aimez-la sans réserves, fallût-il, à son service, fouler aux pieds des conventions sanctionnées par l'habitude, des idées reçues et longtemps caressées, des amours-propres entretenus et nourris par les faux calculs d'une équivoque popularité.

Vous avez à examiner, en cette année du centenaire de 1789, si les espérances de nos pères n'ont pas été trompées, si, après un siècle d'expériences, les réformes promises ne nous laissent pas en face d'un prodigieux avortement, si la liberté n'a point à rougir devant l'audacieuse souveraineté de l'hypocrisie et du mensonge. Ouvrez les

cahiers de 1789, consultez les documents de votre enquête, comparez et jugez. Vous aurez le droit d'être sévères, mais la justice veut que nous soyons sévères surtout envers nous-mêmes.

Ce matin, avant de venir au milieu de vous, je recevais,
d'une main amie, les cahiers de votre province que j'ai
pu parcourir, il y a quelques instants, et j'y trouvais plus
d'un enseignement digne d'être médité.

La province de Bourgogne, Messieurs, n'hésita point à
signaler, par l'organe des trois ordres, les réformes
attendues. Sa noblesse put dire que, « la première en
France, » elle avait manifesté en faveur du tiers état,
« offrant librement et unanimement de supporter toutes
» les impositions présentes et à venir, dans une égalité
» parfaite et proportionnelle à la fortune de chacun. » Ce
généreux élan, cette renonciation aux privilèges méritent
vos applaudissements ; mais d'autres privilégiés sont nés,
qui ne semblent point pressés d'imiter le désintéressement
de nos pères ; interrogez le monde du travail, et encore
qu'elles soient menaçantes, parfois même coupables, ses
revendications n'en accusent pas moins nos erreurs sociales.

L'exemple donné par la noblesse de Bourgogne reste
pour elle un titre d'honneur, et j'ai voulu le rappeler ;
mais écoutez maintenant les vœux de votre tiers état, vous
y trouverez satisfaction et profit :

« Que la liberté individuelle, disait-il, soit assurée de la
manière la plus étendue. »

« Que les propriétés soient tellement respectées que
jamais on ne puisse y porter atteinte. »

Eh bien ! je vous le demande, qu'avons-nous fait de la liberté individuelle ? Qu'est devenu le respect des propriétés ? N'avons-nous pas vu des citoyens français dépouillés, par l'arbitraire d'un décret, des garanties que leur donnait la loi, frappés dans leur liberté, chassés de leurs demeures, témoignant ainsi que les vœux de 1789 sont restés stériles, et qu'il nous faut y ajouter la plainte d'une déception séculaire ?

Poursuivez la lecture de vos cahiers ; vous remarquerez cet autre vœu : « Que la noblesse ne puisse être acquise à prix d'argent. » Ah ! Messieurs, il ne s'agit plus de prérogatives disparues : la noblesse a encore le lustre des grands souvenirs, elle n'est plus un ordre dans l'Etat, mais, en vérité, n'aurions-nous pas à souhaiter que l'argent ne tînt pas lieu de noblesse et que sa scandaleuse domination n'effaçât pas, dans notre société, tout ce qui fait la fierté des âmes et la force des nations ?

En 1789, les esprits s'alarmaient des charges financières qui pesaient sur le pays. Aussi nos pères demandaient « qu'il fût pris une connaissance exacte des dettes de l'Etat et de leurs causes, à l'effet de réduire, d'après les règles de l'honneur et de la justice, celles qui se trouveraient susceptibles de réduction, et de ratifier celles qui seraient reconnues légitimes. »

Et leurs cahiers ajoutent encore, en différents chapitres :

« Que la masse des dettes de l'Etat étant calculée et arrêtée, la répartition de ces dettes et celle des impôts sera faite entre toutes les provinces du royaume, au prorata de leurs facultés respectives ; lesquelles provinces établiront une caisse d'amortissement. »

« Que les pensions ne devant être que la récompense

des services rendus à l'Etat, les titres en seront sévèrement examinés, pour être avisé à leur suppression ou réduction. »

« Que les ministres seront responsables aux états généraux de leurs malversations. »

« Qu'il sera pourvu au moyen de réduire et de simplifier les procédures, comme encore à l'abolition ou du moins à la réduction des droits fiscaux auxquels elles sont assujetties ; que la justice sera rendue gratuitement.»

« Que les états généraux s'occuperont des moyens de favoriser et d'encourager l'agriculture....»

Mais je m'arrête, Messieurs ; aussi bien en ai-je déjà trop dit, car il y a quelque amertume, cent ans après ces déclarations, à nous interroger nous-mêmes. La réponse n'est point pour nous enorgueillir.

Qui donc aujourd'hui osera calculer les dettes de l'Etat, dont la masse échappe à toute évaluation précise? Dette consolidée, dette flottante, rente amortissable, obligations sexennaires, trentenaires et autres, caisses d'épargne, garanties d'intérêt, engagements de toute sorte, grevant le Trésor, représentent un passif qu'aucun ministre des finances n'a pu supputer. Le déficit et l'emprunt perpétuel sont devenus les règles de notre système financier. L'amortissement n'est plus qu'une fiction dérisoire. Les pensions mettent le législateur en goût d'économie, lorsqu'il s'agit de récompenser les serviteurs du pays, mais elles croissent et se multiplient, lorsqu'il s'agit de récompenser les services des fauteurs de révolutions ou de quelque malfaiteur public. La responsabilité des ministres, elle est inscrite dans nos lois; mais, si elle produit surabondamment l'instabilité qui livre la fortune de la France aux

caprices des factions, il semble qu'il ait suffi d'en faire
un article de notre Constitution écrite pour la rendre illu-
soire.

Jamais les malversations ministérielles n'ont provoqué
d'aussi nombreux scandales, jamais elles n'ont jeté un si
brutal défi à l'honnêteté publique; et jamais elles n'ont
été assurées d'une plus complète impunité. Parlerai-je de
la justice, des procédures et des frais qui les accompagnent, comme pour interdire aux humbles et aux faibles
cette égalité devant la loi si souvent proclamée? La justice
n'est point gratuite, et elle n'est pas égale; vous savez en
outre comment on a frappé son indépendance, et vous
gardez une patriotique gratitude envers ces magistrats que
vous avez vus descendre de leurs sièges, plutôt que de
sacrifier la dignité de la justice. Et l'agriculture, qui
compte parmi vous de si nombreux représentants, l'agriculture, qui demandait aux états généraux encouragement
et protection, quel souci a-t-on pris de ses intérêts et de
ses besoins?

Je n'insiste pas. Sur bien des points, les doléances
de 1789 sont encore nos doléances. Mais des abus nouveaux soulèvent de nouvelles plaintes; devant la banqueroute de la Révolution, nous devons élever nos âmes et
fortifier nos bras pour préparer un avenir réparateur.

Ayons confiance, Messieurs; nous n'avons pas encore
le nombre, mais rappelez-vous les enseignements qui
nous étaient donnés, ce matin, du haut de la chaire. Le
nombre consacre la victoire, il ne la donne pas; ce qui fait
la force d'une armée, ce ne sont point les gros bataillons,
c'est le cœur qui bat dans la poitrine des combattants,
c'est la générosité, c'est le dévouement qui communique

à une troupe les victorieux élans de la vaillance et de la fidélité.

A l'œuvre donc, Messieurs! Vos travaux ont **un** cadre fort large, mais très précis. Vous allez vous répartir, suivant les convenances et la compétence de chacun d'entre vous, en quatre groupes distincts, appelés à délibérer séparément sur les quatre grands ordres d'intérêts qui embrassent toute l'activité d'un peuple : les intérêts religieux et moraux, les intérêts publics, les intérêts agricoles et ruraux, les intérêts industriels et commerciaux. Vous allez ainsi vous mettre en face des manifestations et des besoins de la vie morale et de la vie publique, en face des manifestations et des besoins du travail, sous toutes les formes qu'il peut prendre dans une nation civilisée. En d'autres termes, vous allez interroger l'individu et la société, les suivre dans leurs rapports incessants et multiples, examiner comment ils usent de leurs droits, comment ils remplissent leurs devoirs. Vous ferez comparaître devant vous la puissance souveraine, l'Etat, qui régit l'individu et la société; vous lui demanderez compte de son action propre, exercée par l'autorité de la loi et la pratique du gouvernement, dans le domaine individuel et dans le domaine social. Vous rechercherez les influences de cette action sur les conditions de la vie morale, de la vie publique, de la vie matérielle, qui les unes et les autres se pénètrent intimement, sous le souffle de l'individu, sous le souffle de la société, ces deux souffles qui se rencontrent et s'unissent pour marquer, si je puis le dire, le double mouvement de la respiration nationale.

Ces quatre groupes distincts, dont les rapports formeront tout l'intérêt de vos séances générales, ne sont point simplement le résultat d'une division méthodique devant garantir le bon emploi de votre temps et la netteté de vos conclusions. Dans les documents qui ont sollicité vos initiatives, ces groupes portent le nom de *Chambres*, nom assurément trop pompeux, si nous ne regardons que le point où nous sommes, et qui est un point de départ, mais nom bien approprié aux visées qui doivent, après la tenue de cette assemblée, demeurer en nous, et nous servir d'aiguillon. Ces groupes, en effet, marquent un premier pas vers la répartition naturelle de tous les droits et de tous les intérêts, de toutes les conditions et fonctions sociales, qu'il faut distinguer pour les unir, — car là où il y a confusion, il ne peut y avoir union, — et pour arriver ainsi à constituer les éléments d'une véritable représentation nationale. Tel est bien le problème, le grave problème qui appelle nos méditations : ceux qui l'ont posé ne l'ont point résolu, et notre tâche est de trouver la solution, si nous voulons être un peuple libre, jouissant d'une autre liberté que celle de marcher à l'aventure, dans la servitude des appétits limités aux besoins du jour, et dans la défaillance morale d'une sceptique indifférence, dédaigneuse du lendemain.

La représentation du pays, Messieurs, elle n'existe pas, ou du moins elle ne repose que sur des artifices qui la dénaturent et la corrompent. C'est l'une des causes de notre malaise ; c'est la question d'où dépend notre avenir. Trop souvent on la confond avec le mode de suffrage ; mais il ne suffit pas, en vérité, de déclarer que le suffrage est universel pour avoir la représentation du corps social tout entier, et il ne suffirait pas non plus de décréter le suffrage restreint pour être assuré que la puissance représentative serait conférée à une élite digne de l'exercer. Quant à moi, j'estime que le suffrage appelé universel correspond bien, comme instrument électoral, aux exigences légitimes d'une représentation qui doit comprendre les droits et les intérêts de tous. Mais, si nous avons l'instrument, nous n'avons pas, permettez-moi cette expression, la matière première sur laquelle il doit opérer; c'est toute la raison des effets nuisibles qui suivent fréquemment ses opérations, et dont, bien à tort, on veut le rendre directement responsable.

Cette matière première est une société organisée; or, la désorganisation est précisément le caractère particulier de notre société, et jamais une foule, une cohue n'aura une représentation véritable. Nos ancêtres l'avaient compris; mais leur édifice est en ruine. Les trois ordres ont disparu, et la France moderne, après avoir brisé l'ancienne hiérarchie, dont le cadre n'était plus à sa taille, n'a rien mis à leur place. Nous sommes ici, Messieurs, devant une question de vie ou de mort, et elle se pose ainsi : l'association peut-elle, en formant des groupes professionnels, donner à une société démocratique ce que possèdent les sociétés hiérarchisées, une organisation, et, comme conséquence, une représentation sincère? Remarquez-le : d'une part, cette organisation en groupes professionnels est la seule qui soit compatible avec l'état d'une société démocratique; d'autre part, sans organisation sociale, il ne peut y avoir de représentation sincère, et une telle représentation est l'unique garantie des libertés publiques, le fondement essentiel de l'unité nationale, de cette unité morale, autant que territoriale, qui n'est point l'unité arithmétique, mais qui est le rapprochement parfait entre des éléments variés et distincts, trouvant dans le secret de leur union le principe de la fécondité.

Et ici, Messieurs, une autre pensée s'impose à nos réflexions. De même que l'organisation de notre société démocratique en groupes professionnels apparaît comme l'indispensable condition du régime représentatif, de même le retour à la vie communale, régionale ou provinciale nous offre l'unique moyen de développer les initiatives individuelles et locales nécessaires à l'association professionnelle.

C'est là, Messieurs, ce qui marque toute la portée du mouvement auquel vous prenez part. Vos quatre groupes, ou commissions, par la répartition de leurs travaux, conformément à la distinction naturelle entre quatre grands ordres d'intérêts, et votre Assemblée, par son caractère provincial, portent dans leur sein un germe d'avenir. Je veux y voir le début d'une réforme vaste et profonde, qui mettra l'individu dans la pleine possession de ses facultés, en le sortant d'un isolement où il s'amoindrit et s'étiole, qui répandra sur notre sol les bienfaits de l'association, rapprochera les intérêts et les fonctions, suivant leurs affinités, et fortifiera notre indestructible unité, non point en étouffant la vie de nos provinces, leurs habitudes, leurs traditions, l'esprit qui leur est propre, mais en leur donnant au contraire un vigoureux essor.

C'est la réforme par excellence, qu'il faut préparer avec soin, patience et ténacité. Elle seule peut nous faire retrouver les sources vives de notre constitution nationale, et c'est dire qu'elle ne saurait aboutir si elle n'était soutenue, dirigée, fécondée par le souffle chrétien. Elle seule aura la vertu de donner à la puissance française la base solide et large de la variété des services, ne comportant plus une hiérarchie de droits et de priviléges, mais concourant à un labeur commun, sous l'égale discipline du devoir et du dévouement réciproques. Elle seule enfin pourra fournir à notre société démocratique les éléments d'une représentation effective et sincère, de cette représentation qui nous manque, et dont nous avons un impérieux besoin, si nous ne voulons pas vivre dans la honte des tyrannies populaires, tantôt sous la loi d'un maitre, tantôt sous le joug des majorités d'aventure, si nous ne voulons pas périr aux pieds d'une idole de rencontre ou dans les convulsions de l'anarchie.

Nos pères, Messieurs, à cette date célèbre, dont l'année présente amène le centième anniversaire, allaient changer, sans prévoir les conséquences de leur entreprise, un courant de réforme en un torrent de révolution. Leurs sentiments étaient généreux; ils aimaient l'humanité et proclamaient les droits de l'homme; ils ne se doutaient pas qu'ils déchiraient la charte de l'humanité, qu'ils armaient l'homme contre l'homme, en substituant un prétendu droit immanent, qui est la souveraineté de l'orgueil et de l'égoïsme, au seul droit véritable, qui affranchit l'homme et la société, parce qu'il vient de Dieu et en proclame la souveraineté. Ils renversaient brusquement l'édifice politique et social, au lieu de l'élargir; ils semaient la confusion sur les ruines, détruisaient les trois ordres, supprimaient le mandat qui liait l'élu à l'électeur, et créaient ainsi un despotisme anonyme, impersonnel, irresponsable, instrument d'une aveugle tyrannie, qui ne pouvait plus être tempérée que par le couperet de la guillotine. Un patriotisme ardent les animait; aucun sacrifice ne leur semblait trop lourd pour maintenir et défendre l'unité française ; ils crurent servir la France, en brisant le cadre de son organisation territoriale ; les provinces allaient disparaitre et les énergies de la nation s'épuiser peu à peu sous l'omnipotence de l'Etat. L'effroyable horizon qui devait bientôt apparaitre à leurs yeux, ils ne le voyaient pas. Pleins de confiance et d'illusions, ils marchaient d'un pas joyeux et hardi. Ils pensaient saluer l'aurore d'un jour resplendissant et heureux ; ils se précipitaient vers les ténèbres d'une nuit obscure et sanglante.

Nous, Messieurs, nous suivons une autre voie. Nous n'apercevons pas un radieux horizon : l'avenir nous trouble, et nous sommes portés à nous défier du lendemain. Pleins de doutes et d'angoisses. nous nous avançons d'un pas timide et craintif. Nous sourions des droits de l'homme, ayant appris que leur définition permet surtout de n'en respecter aucun et de les violer tous. Nous commençons à répudier la domination souveraine, anonyme et irresponsable des Assemblées. Sachant que le passé ne revient pas, ne regrettant point les trois ordres. ne voulant plus la hiérarchie des priviléges, cherchant à tâtons ce qui la doit remplacer, nous avons la conscience de notre mal ; nous nous sentons dans d'épaisses ténèbres, et volontiers nous douterions de la lumière.

Pourtant, nous aussi. nous avons des sentiments généreux, nous aussi, nous aspirons à servir l'humanité, à rétablir l'homme dans son honneur et sa dignité, la patrie dans sa gloire et sa fierté ; nous aussi nous balbutions des mots qui dépassent nos prévisions et nos calculs. Eh bien ! Messieurs, je le crois et je le dis : nos pères attendaient le prochain lever d'un brillant soleil, et ils tombé-

rent dans la nuit où nous sommes encore plongés ; ils se
sont trompés de route, ils se sont trompés de date ; un
siècle devait passer, siècle de souffrances et de luttes ; mais
nous qui marchons dans l'obscurité profonde, l'esprit in-
quiet, le cœur serré, nous allons à la lumière, nous verrons
l'aurore, nous saluerons l'éclat du jour qui vient pour
réchauffer nos âmes et raviver nos ardeurs.

Ah ! certes, ma confiance ne me délivre point des troubles et des doutes qui oppressent tous nos contemporains ;
mais j'ai, pour en triompher, une invincible foi dans mon
pays, et cette foi, vous la partagez. N'est-elle pas réconfor-
tante, l'émotion que doit nous causer la vue de tant
d'hommes d'intelligence et de cœur, unissant leurs volontés
et leurs efforts sur tous les points du territoire, afin
de réveiller nos provinces qui sommeillent, mais dont
l'esprit n'est pas éteint ? Vous êtes de ces hommes, et
votre œuvre produira son fruit. Français dévoués à la
patrie commune, vous voulez que les aptitudes diverses
des races fusionnées sur notre sol au lieu d'être empri-
sonnées par la centralisation administrative, dans le
moule d'une artificielle uniformité, apportent la variété de
leurs joyaux à la parure de la France. Vous voulez que la
vie renaisse là où la main du légiste a répandu, sinon
la mort, du moins l'engourdissement et la torpeur. Vous
voulez que, pour honorer, pour mieux servir la grande
famille nationale, tous ses membres soient actifs, ardents
au labeur collectif, où chacun a son rôle. Vous voulez que,
rétablies sur un plan nouveau, conforme aux changements
survenus, les provinces restées des foyers de traditions,
des centres d'intérêts, redeviennent les vaillantes ouvrières
de la grandeur française, et ne demeurent point les sui-

vantes silencieuses et passives de ce maître impitoyable, l'État, qui les a réduites en servitude pour n'avoir plus à subir le contrôle d'un peuple libre. Vous voulez aussi que la commune reconquière ses droits si souvent méconnus et violés ; que la liberté d'association permette de constituer des groupes sociaux et professionnels ; vous voulez enfin que, par le réveil de la vie communale et provinciale, par le développement régulier de toutes les affinités naturelles entre les éléments de notre société, le pays arrive à posséder l'organisation rationnelle du régime représentatif, dont l'expression exacte est dans la représentation complète, non-seulement de tous les Français, mais de tous leurs droits et de tous leurs intérêts.

Courage, Messieurs! Et travaillons ensemble dans le champ trop longtemps négligé que doit cultiver l'initiative individuelle, jadis fortifiée, dirigée par l'association, sous l'inspiration chrétienne, aujourd'hui étouffée, dans une mêlée confuse, sous le joug du matérialisme. Redoutable mêlée, confusion funeste! où l'individu, sous prétexte de briser des liens qui lui semblent entraver sa liberté, brise en réalité les liens qui le rattachent à ses frères, où il se croit indépendant, parce qu'il est solitaire, où cette solitude le livre à ses passions, et lui enlève jusqu'à la notion de ses droits personnels, où il devient la victime désignée à tous les despotismes, alors qu'il proclame le triomphe de sa liberté.

La liberté, Messieurs, quel mot puissant et doux! Mais de quelles erreurs et de quels méfaits n'ose-t-on pas lui demander l'excuse! La liberté, c'est la manifestation d'une volonté libre et non point esclave de l'instinct corrompu. Ne la cherchons pas dans une apparence mensongère, qui, sous le nom de liberté du mal, ne nous offre que les chaines d'un honteux esclavage. La volonté libre ne connaît point ces chaines, si ce n'est pour les détruire ; elle est l'arme sainte qui nous permet, qui nous commande de rompre le cercle étroit de notre égoïsme, pour nous élancer à la recherche du bien, dont la source n'est pas en nous, puisque notre âme en a soif, et qu'elle ne peut étancher cette soif qui la dévore sans sortir d'elle-même, sans se donner tout entière, sans se dévouer, et à Dieu, principe de tout bien, et aux hommes qu'il lui suffit d'aimer, mais qu'il faut qu'elle aime, pour faire incessamment jaillir en elle les eaux vivifiantes de la liberté. Car l'acte souverain de notre liberté, c'est l'amour forçant les portes de sa prison terrestre pour remonter à sa source, c'est l'amour ouvrant les cachots de l'individualisme pour consacrer la personnalité humaine par le don qu'elle fait d'elle-même, dans un généreux échange de services, fondement de la vie sociale.

Nous sommes, Messieurs, sous le régime de l'individualisme, et, contrairement à ce que ce nom même semble annoncer, la personnalité s'abaisse, l'individu s'amoindrit, et je ne dis pas assez : voyez-le plutôt réduit à l'état d'atòme, sans appui, sans défense, emporté par tous les vents qui passent, poussière impalpable servant à faire le ciment des murs qui tiennent ses facultés captives, écrasé sous la meule de l'Etat, n'ayant qu'un souci, celui de se replier sur lui-même pour donner moins de prise à cette terrible meule et pour guetter le moment propice où il pourra se jeter sur quelque proie facile, à la portée de ses convoitises. Ce que deviennent les petits et les faibles, la raison nous l'apprend et l'expérience nous le montre. L'individualisme a tué l'individualité ; la force remplace la justice, et le socialisme, qui dénonce les vices dont nous souffrons, ne réussit qu'à en accroître l'empire. L'État, souverain maître des hommes et des choses, telle est la conception suprême qui marque le terme de la Révolution.

De cette Révolution, Messieurs, j'entends parler avec franchise, mais sans passion ; sévère pour ses doctrines et pour ses conséquences, je ne dirai pas de ses origines tout le mal que certains pensent. Sans doute, dès le début, une déviation à jamais déplorable se produisit dans le grand mouvement qui devait, qui pouvait réparer les effets d'une autre déviation également douloureuse. L'ancien régime nous avait détourné du chemin tracé par la tradition : il avait ouvert la voie mauvaise où la tempête révolutionnaire nous poussa plus avant. Mais il faut être juste : l'ancien régime fut une période de transition ; cela ne justifie point ses fautes, cela nous aide du moins à les comprendre. Et, en vérité, je vous le demande, notre époque, elle aussi, n'a-t-elle pas ce caractère de transition, d'évolution, qui sans doute n'autorise point à la glorifier, qui toutefois nous conseille de ne la pas frapper d'anathème ? Dans la Révolution, comme dans l'ancien régime, il importe de distinguer ce qui est mauvais en soi de ce qui appartient logiquement à la loi des transformations historiques, et il est permis d'affirmer, pour l'honneur de l'humanité, que le mal ne se fait jamais sans qu'un bien se produise : Dieu le permet ainsi, pour que nos mains coupables ne puissent, jusque dans leurs œuvres d'erreur, effacer son image.

Ce n'est pas moi qui essaierai de voiler les égarements et les mensonges de 1789. Je sais qu'à cette date, la

Révolution a commencé; je ne lui dispute point sa part, mais je ne lui cède pas la nôtre, celle qui nous appartient légitimement, et que nos adversaires voudraient nous prendre. Il est à nous, le mouvement de réforme qui excita l'enthousiasme de nos ancêtres; l'évolution sociale que la monarchie entendait préparer, par la convocation des états généraux, nous avons le droit de la revendiquer. Je laisse à la Révolution l'héritage des philosophes, la déclaration des droits de l'homme; je retiens pour nous cet élan téméraire, mais généreux, qui emportait notre pays vers un idéal de justice. Hélas! l'idéal ne fut qu'un mirage; l'homme voulut trouver en lui-même le principe de la justice, et, par une cruelle ironie, son orgueil aboutit à mettre sur le pavois la souveraineté du bourreau. Alors naissait la société moderne; son berceau fut placé sur les marches de l'échafaud; elle fit ses premiers pas dans le sang, et, battue par tous les vents d'orage, grandit dans le chaos.

Mais ne la maudissez pas, Messieurs, plaignez-la, cette société moderne, qui est en mal d'enfantement! Réservez les clameurs indignées de votre réprobation pour les hommes malfaisants qui l'ont trompée, meurtrie, flagellée sans pitié. Aimez-la, cette société, comme on aime tout être qui gémit et qui souffre. Puisque vous avez sondé ses plaies et ses blessures, vous savez bien qu'elle a besoin d'amour! On dit que notre foi ne répond plus aux désirs qui la tourmentent, que nos temples ne peuvent plus recevoir ses plaintes et ses soupirs, que notre tradition ne suffit plus à protéger ses conquêtes. Eh quoi! Messieurs, ne saurons-nous pas confondre nos accusateurs? Tiendrons-nous nos regards fixés sur le passé, et, après avoir constaté la banqueroute de la Révolution, les mensonges de ses promesses, les déceptions, les folies et les crimes qui forment le cortège de ses œuvres, nous pencherons-nous sur le sillon creusé par nos pères, comme pour nous y ensevelir? Ah! s'il en était ainsi, un cri de désespoir et d'effroi s'échapperait de ma poitrine. Je dirais que notre foi est morte, que nos temples peuvent rester muets et déserts, que notre tradition n'est que l'épave inutile d'un grand naufrage, et, l'âme brisée, je pleurerais la patrie. Mais non, cela n'est pas. Notre foi embrasse toutes les espérances, nos temples abritent toutes les douleurs, et notre tradition garde sa vertu, pour diriger tous les changements, toutes les évolutions, tous les progrès.

Donnez-vous, Messieurs, donnez-vous à la France, à ce peuple las et fatigué du poids de son labeur, donnez-vous sans réserve; c'est là qu'est le secret de toutes les réformes fécondes. L'humanité aura toujours besoin d'aimer et d'être aimée, et, à sa dernière heure, le monde poussera encore un soupir d'amour, le soupir du temps qui, à la fin de sa course, s'abîmera dans l'éclat d'un jour sans fin, sous l'étreinte puissante et tendre de l'éternité. Ah! oui, Messieurs, aimez cette société moderne, que vous devez dégager des ombres où elle lutte et s'épuise, cette société dont vous avez à redresser les voies et à couronner l'effort. Aimez-la, pour lui dire, sans réticence et sans crainte, la vérité qui blesse parfois, qui guérit toujours, et respectueux du passé, mais hommes de votre temps, sachant ce qui lui manque et ce qu'il réclame, mettez-vous à l'œuvre, et regardez l'avenir.

Les membres de l'Assemblée se sont ensuite rendus dans les salles affectées aux différents groupes dont ils faisaient partie.

Après avoir délibéré séparément, chacun de ces groupes a désigné un ou plusieurs rapporteurs chargés de soumettre à la réunion générale le résultat de leurs travaux, et l'Assemblée, après avoir entendu les rapports ainsi que les observations de son Président, a successivement adopté les vœux dont la teneur suit :

VŒUX ADOPTÉS PAR L'ASSEMBLÉE PROVINCIALE

Tenue à Dijon, les 7, 8 et 9 mai 1889.

PREMIÈRE COMMISSION

Religion, Famille, Mœurs. Instruction. Secours et Assistance.

RELIGION

Considérant que les sociétés, comme les individus, doivent obéissance aux lois de Dieu, et qu'en conséquence les pouvoirs publics, dans leur législation et dans leurs actes, doivent s'inspirer des principes chrétiens ;

Considérant d'autre part, qu'en France, les rapports de

l'Eglise et de l'Etat sont réglés par un Concordat, et que l'Etat, sous aucun prétexte, ne saurait se soustraire à sa loyale et sincère exécution.

VŒUX

1° Que l'Etat exécute le Concordat dans son texte et dans son esprit ; qu'une liberté complète soit assurée à l'Eglise ainsi qu'à son chef, et que, par une conséquence nécessaire, l'indépendance spirituelle du Pape, indispensable pour qu'il puisse librement conclure et maintenir les Concordats, soit garantie par une souveraineté territoriale;

Que les articles organiques, ajoutés aux Concordats sans la participation du Saint-Siége, soient abrogés :

2° Que la personnalité civile des associations religieuses soit reconnue ;

3° Que le droit de posséder, qui appartient à l'Eglise, soit consacré par la loi civile ;

4° Que le traitement actuellement attribué au clergé séculier, au lieu d'être compris dans les budgets annuels de l'Etat, soit assuré par une disposition législative permanente, par exemple une dotation inscrite au grand livre de la dette publique, de façon à lui donner son véritable caractère, qui est celui d'une indemnité ;

5° Que la législation assure le respect du repos du dimanche, et que l'Etat s'abstienne de faire exécuter des travaux ce jour-là.

MARIAGE

Considérant que la loi ne saurait faire découler d'un acte de l'officier de l'état civil la formation du lien conjugal, qui est pour tous un contrat de droit naturel, et, en même temps, pour les catholiques, un sacrement;

Que le mariage, à ce double titre, ne relève que du consentement des époux et des lois ecclésiastiques ;

Mais considérant aussi qu'outre ses effets substantiels tels que la condition d'époux et la légitimité des enfants, le mariage produit des effets civils que l'Etat peut réglementer, et à l'obtention desquels il peut mettre des conditions, en tant cependant que ces conditions ne s'écartent point de la justice et du droit naturel ;

Considérant, enfin, qu'il importe au bien de la société et de la famille que les unions soient perpétuelles, que non-seulement le mariage doit être indissoluble pour les catholiques qui sont soumis aux lois religieuses, mais que l'intérêt social exige que cette indissolubilité, base essentielle de toute famille stable et, par conséquent, de toute société, soit imposée à tous les citoyens.

VŒUX

1° Que les dispositions du Code civil sur le mariage soient modifiées, en ce sens que l'autorité civile ait pour seul rôle, non pas de prononcer le mariage, mais de l'enregistrer et d'en réglementer les effets purement civils ;

2° Que la puissance civile se mette en rapports avec le Saint-Siége pour régler d'un commun accord la législation matrimoniale;

3° Que la loi du divorce soit abolie.

RÉGIME SUCCESSORAL

Considérant qu'il importe au bien général d'atténuer les charges qui pèsent sur la transmission des biens par voie de succession, de favoriser la conservation du patrimoine de la famille, et, en même temps, de raffermir l'autorité paternelle en assurant au père un droit de disposition testamentaire plus étendu.

VŒUX

1° Que les frais de toute nature qui grèvent les successions soient réduits, que les procédures et les formalités, qui, en cas de partage, sont censées protéger les droits des parties, soient simplifiées ;

2° Que les droits de mutation soient diminués, qu'ils puissent être acquittés par annuités, surtout lorsqu'ils s'appliquent à une transmission de nue propriété, et que, dans toute succession, ces droits ne soient calculés sur l'actif que déduction faite du passif dont il est grevé ;

3° Que les articles 826, 832 et 1075 du Code civil soient modifiés de telle sorte que, dans les partages, les lots ne soient plus obligatoirement composés chacun de biens de même nature ;

Que la transmission intégrale des petits patrimoines soit facilitée ;

4° Qu'un droit d'exhérédation motivée et soumis au contrôle des tribunaux soit reconnu aux ascendants ;

5° Que la quotité disponible soit élevée, dans tous les cas, à la moitié des biens ;

6° Que la loi accorde à l'époux survivant un droit d'usufruit sur partie des biens de l'époux prédécédé, ce droit n'ayant d'ailleurs aucun caractère de réserve, et cessant au cas de nouvelle union.

RÉPRESSION DU VICE ET DE L'IMMORALITÉ

VŒUX

1° Que, sans autoriser l'enfant naturel à revendiquer le nom et l'héritage du père, la loi lui permette d'obliger celui dont la paternité serait établie par son aveu, ou par des faits non équivoques et contraires aux bonnes mœurs, à contribuer à donner à l'enfant les aliments, l'instruction et l'éducation nécessaires pour le mettre à même de gagner sa vie ;

2° Que le respect des droits et de la liberté des honnêtes gens, en même temps que de la décence publique, soit assuré par une répression plus efficace des productions obscènes ou attentatoires à la morale et à la religion, cette répression devant être d'autant plus énergique que la publicité à l'aide de laquelle les délits sont commis est plus difficile à éviter, et, partant, plus dangereuse et plus coupable.

INSTRUCTION

VŒUX GÉNÉRAUX

1° Que l'enseignement à tous les degrés soit libre ;

2° Que les programmes de l'enseignement comprennent l'enseignement religieux ;

3° Que l'enseignement officiel de l'athéisme soit interdit.

VŒUX SUR L'ENSEIGNEMENT PRIMAIRE

1° Que les dispositions vexatoires et oppressives des lois sur l'enseignement primaire, et notamment des lois de 1882 et de 1886, soient abrogées, restant bien entendu que la gratuité sera largement accordée à tous les parents auxquels la modicité de leurs ressources ne permet pas de payer la rétribution scolaire;

Que la dispense du service militaire soit rétablie au profit des instituteurs libres comme des instituteurs publics, dans les conditions fixées par la loi du 25 mars 1850;

2° Que les écoles libres trouvent des garanties plus sérieuses dans la composition des conseils de l'instruction publique ; que les instituteurs libres ne puissent être interdits à temps ou à perpétuité, de leur profession, que par les tribunaux, ainsi que l'édictait la loi du 28 juin 1833 ;

3° Que les écoles libres reçoivent, dans la proportion du nombre de leurs élèves, la même part que les écoles publiques, dans les subventions administratives ;

4° Que le père, ou la mère lorsqu'elle exerce la puissance paternelle, soit consulté sur le choix des instituteurs.

VŒUX SUR L'ENSEIGNEMENT SECONDAIRE

Que la constatation de la capacité des élèves, au terme des études scolaires, soit opérée par des moyens qui n'impliquent pas l'assujettissement des institutions libres à des programmes officiels rédigés sans le concours des maîtres de l'enseignement libre.

VŒUX SUR L'ENSEIGNEMENT SUPÉRIEUR

1° Que la liberté de l'enseignement supérieur soit garantie par la reconnaissance du droit d'association appliqué à l'enseignement et par la faculté de créer des universités libres ;

2° Que les diplômes accordés par ces universités soient déclarés équivalents aux diplômes délivrés par l'Etat, au moins pour celles d'entre elles qui auront satisfait à certaines conditions destinées à justifier de la valeur de leur enseignement, et sous la réserve du droit de l'Etat de subordonner à l'obligation d'examens spéciaux l'entrée des carrières officielles.

DEUXIÈME COMMISSION

Intérêts publics. Pouvoirs publics. Justice.
Service militaire. Finances.

POUVOIRS PUBLICS

1° Que les citoyens qui, aujourd'hui, sont tous astreints au service militaire dans l'armée active jusqu'à l'âge de vingt-cinq ans, ne deviennent électeurs qu'à partir de cet âge ;

2° Que les groupes professionnels représentant les grands intérêts matériels et moraux du pays soient spécialement représentés dans les assemblées électives, et consultés pour l'élaboration des lois qui les concernent ;

3° Que tout projet de loi, avant d'être soumis aux Chambres, soit préparé par le Conseil d'Etat avec enquête auprès des groupes qu'il concerne;

4º Qu'il soit interdit aux Chambres d'abroger, par un simple amendement à la loi du budget, des dispositions législatives fonctionnant régulièrement ;

5º Qu'en cas de retard ou de refus du vote du budget, le budget de l'année précédente ait force de loi dans ses parties essentielles, c'est-à-dire dans celles destinées à assurer les grands services publics et sociaux ;

6º Que le mandat législatif soit gratuit ;

7º Que les ministères spécialement chargés de pourvoir à la défense du pays et à ses relations avec les puissances étrangères soient placés en dehors des fluctuations de la politique ;

8º Que les conseils d'arrondissement soient supprimés et leurs attributions transportées aux conseils généraux ;

Que les attributions des conseils généraux et des commissions départementales soient étendues dans le sens de la décentralisation, notamment au point de vue de la tutelle des établissements publics et des communes ;

9º Que la loi rétablisse l'adjonction des plus imposés aux conseils municipaux dans toutes les questions budgétaires engageant les finances de la commune.

ORGANISATION JUDICIAIRE

VŒUX

1º Que l'indépendance, la dignité et l'autorité de l'ordre judiciaire soient assurées par :

a. — La création d'un conseil supérieur de la magistrature composé de membres de la Cour de cassation et de premiers présidents de Cours d'appel, tous nommés par leurs collègues ;

b. — L'attribution à ce conseil de toutes les questions de discipline intéressant les magistrats ;

c. — La nomination des chefs de Cour d'appel, ou tout au moins des premiers présidents, sur une liste de candidats dressée chaque année par le Conseil supérieur de la magistrature ;

d. — La nomination aux siéges vacants dans les Cours d'appel, les tribunaux de première instance et les justices de paix sur des listes de candidats présentés par les chefs de la Cour ;

e. — L'obligation de ne choisir les candidats pour le recrutement des Cours d'appel et tribunaux de première instance, que parmi les docteurs en droit, les avocats faisant ou ayant fait partie du Conseil de l'ordre de leur collége, et les juges de paix, après un certain temps d'exercice ;

f. — La réglementation des conditions de l'avancement des magistrats ;

g. — L'abrogation du décret de 1852 sur la limite d'âge et de la loi du 30 août 1883, dans toutes ses conséquences ;

h. — La garantie par la loi constitutionnelle de l'inamovibilité des juges ;

2° Que l'organisation des juridictions administratives soit modifiée de manière à assurer l'indépendance et l'aptitude professionnelle de leurs membres ;

Que leur compétence soit restreinte de façon à laisser aux tribunaux civils la connaissance exclusive de toutes les affaires intéressant la propriété et la liberté individuelle ;

Que la compétence des tribunaux civils soit efficacement garantie pour toutes les actions en responsabilité intentées à raison de mesures administratives prises en violation des lois ;

Que le tribunal des conflits soit supprimé et que la connaissance de tous les conflits soit attribuée à la Cour de cassation ;

3° Que le Code de procédure civile soit revisé en vue de proportionner les frais à l'importance du litige, de simplifier la procédure et de réduire ou supprimer les perceptions purement fiscales dans les affaires de peu d'importance;

4° Que la formation de la liste du jury en matière criminelle soit établie sur d'autres bases, que les influences politiques en soient écartées, que les conseillers municipaux et les plus forts imposés en nombre égal soient appelés dans les commisions communales qui seraient chargés de dresser les premières listes ; qu'une large place soit réservée, dans les commissions centrales, à l'élément judiciaire.

ARMÉE

VŒUX

Rejet absolu de la loi qui réduit à trois ans la durée du service militaire ;

Maintien de la loi du 27 juillet 1872, sauf à y introduire les modifications et les améliorations dont la pratique a fait reconnaître l'utilité ;

Extension des dispositions de l'article 20 de cette loi, de manière à assurer aussi complétement que possible la liberté de l'enseignement public et celle de l'enseignement privé à tous les degrés ;

Rétablissement en temps de paix des aumôniers de garnison et des aumôniers des hôpitaux militaires, et, en temps de guerre, des aumôniers de régiment ;

Confier le travail de modification et d'amélioration de la loi de 1872 à une commission nommée par le Conseil supérieur de la guerre.

FINANCES

VŒUX

I

1° Que le budget redevienne une vérité, qu'il recouvre son *unité* par la suppression des budgets extraordinaires, sa *clarté*, en faisant cesser la confusion des exercices financiers et en réservant pour chacun d'eux les ressources qui lui sont propres, sa *sincérité*, en renonçant aux crédits supplémentaires demandés périodiquement en cours d'exercice, ou tout au moins en les restreignant aux cas absolument urgents et imprévus ;

2° Que la dette flottante soit exactement connue pour être ramenée à des proportions plus restreintes ;

3° Qu'aucune dépense ne soit engagée sans être couverte par une recette correspondante ;

4° Qu'il soit, comme conséquence de ces diverses propositions, dressé un état exact de notre situation financière, afin que la France connaisse ses obligations et ses ressources, qu'elle apprécie les dépenses qui peuvent lui être permises et les économies qu'elle doit s'imposer ;

5° Que le mode de préparation des budgets soit modifié,

que la commission du budget renonce à son omnipotence et à son ingérence abusive, que la loi de finances ne puisse en aucun cas entraver l'*exécution d'une loi existante non régulièrement réformée* ;

6° Que le budget lui-même soit séparé en deux parties, l'une constante, l'autre variable, la première ne pouvant être modifiée que par une loi spéciale, la seconde étant susceptible d'amendement ;

7° Que la Chambre, appelée à statuer sur le budget, soit saisie auparavant des résultats provisoires de l'année précédente et du compte définitif du dernier exercice clos ;

8° Qu'enfin, le règlement du budget ne subisse plus des retards indéfinis ; que la Cour des comptes soit appelée à juger en exacte connaissance de cause, et qu'il soit tenu compte de ses observations constantes.

II

1° Que le droit de mutation sur les transmissions d'immeubles soit réduit dans la mesure du possible ;

2° Que la surélévation de certains droits de douane fasse l'objet d'un examen attentif ;

3° Que le principe de la revision du cadastre ne soit pas perdu de vue ;

4° Que l'engagement pris par un ministre, *ni emprunt ni impôt nouveau*, devienne une réalité ; qu'il soit au contraire procédé avec mesure et d'après un plan sagement étudié, à des dégrèvements qui n'auront pas un but politique.

III

1º Que les économies soient, à tous les degrés, pratiquées dans la mesure la plus large ;

2º Qu'il ne puisse être créé de nouveaux emplois sans une loi préalable ;

3º Que l'admission à la retraite proportionnelle soit réservée aux cas de nécessité et ne devienne pas un instrument politique ;

4º Que le chiffre sans cesse croissant des pensions soit restreint ;

5º Que les règles de la hiérarchie soient exactement observées pour l'avancement dans les différents services, que des postes élevés ne soient pas attribués sans cesse à des personnalités politiques ; que nulle considération étrangère au service ne vienne désormais entraver les recouvrements d'impôts ou arrêter des poursuites ; qu'en un mot il soit assuré au fonctionnaire une sécurité dont bénéficiera le Trésor ;

6º Que le nombre des ministères soit réduit et cesse de varier au gré de la politique et des combinaisons parlementaires ;

7º Que l'état-major des ministres soit ramené à de justes proportions ;

8º Qu'un plan général soit mis à l'étude, s'appliquant à chaque catégorie de fonctionnaires, pour supprimer les emplois peu utiles, sans néanmoins désorganiser les services ;

9º Que les travaux publics soient restreints ; qu'il ne soit donné suite qu'aux entreprises vraiment utiles et rémunératrices ; que l'Etat, pour les constructions, ait, dans un but d'économie, plus habituellement recours à l'industrie privée, et se borne à contrôler les opérations ;

10° Que le réseau des chemins de fer, exploité par l'Etat dans des conditions ruineuses pour le Trésor, soit rétrocédé aux diverses compagnies.

IV

1° Que les emprunts que les communes se proposent de contracter, au lieu d'être encouragés, deviennent l'objet d'un contrôle sérieux avant d'obtenir l'approbation législative ;

2° Que les dépenses scolaires exagérées soient ramenées à de justes limites et que les emprunts pour la construction d'écoles ne puissent plus être imposés aux communes, ni les sommes nécessaires au service de ces emprunts, inscrites d'office à leur budget ; que sur ces divers points la loi du 18 mars 1883 soit revisée ;

3° Que l'adjonction *des plus imposés* soit rétablie dans toute délibération des conseils municipaux ayant pour objet des impositions communales ;

4° Qu'il soit veillé d'une manière générale et constante à ce que la politique ne s'introduise pas dans la gestion des finances municipales pour en altérer le mécanisme et le rendre suspect.

TROISIÈME COMMISSION

Agriculture.

VŒUX

1° Que les charges fiscales soient réparties selon l'égalité absolue entre les propriétés mobilières et immobilières, et que les produits de l'impôt foncier soient plus spécialement affectés aux budgets des assemblées locales ;

2° Que les libertés communales soient étendues et que les plus imposés soient appelés à voter conjointement avec les conseils municipaux, les emprunts et les impôts communaux ;

3° Que les lois successorales soient refondues, de manière à fortifier la constitution de la famille, en donnant à son chef, par une liberté d'attribution complète et par une liberté testamentaire plus étendue, la sanction de l'autorité qui lui manque aujourd'hui et les moyens de sauvegarder le domaine familial ;

4° Que les droits du fisc soient diminués en matière de succession et ne portent que sur l'actif, au lieu de porter à la fois sur l'actif et le passif ;

5° Qu'en ce qui concerne l'agriculture, les traités de commerce ne soient pas renouvelés ; que les tarifs de chemin de fer soient revisés de manière à protéger les produits français contre la concurrence étrangère ; que les canaux français ou autres voies navigables soient soumis à un péage qui rétablisse l'égalité des charges ; que les ports français ne soient pas mis gratuitement à la disposition de la marine marchande ;

6° Que les pouvoirs publics répriment les excitations mauvaises qui se produisent par tous les moyens de publicité, réduisent autant que possible le nombre des cabarets et autres établissements nuisibles, et prennent des mesures pour l'application de la loi contre la plaie du vagabondage ;

7° Que la législation actuelle concernant les bouilleurs de cru et reconnaissant à chacun le droit d'user de ses produits comme il l'entend, soit maintenue ;

8° Que la législation, se préoccupant de la situation faite à la viticulture par la fabrication des vins artificiels, défende sous des peines sévères que la circulation et la vente de ces vins puissent s'effectuer sans une étiquette spéciale rendant la fraude impossible ;

9° Que dans l'intérêt de l'agriculture et de l'industrie, l'application de l'article 592 du Code de procédure civile soit étendue aux objets immeubles par destination, même lorsqu'ils ont été placés dans le fonds pour son exploitation par le fermier ou le locataire ;

10° Que les fonds des caisses d'épargne, au lieu d'être absorbés par l'État, ce qui prive le crédit rural d'un de ses éléments essentiels, soient réglementés d'une façon plus large quant à leur emploi, sous la responsabilité formelle et effective de leurs administrateurs ;

11° Que la revision cadastrale de la propriété bâtie, qui s'opère en ce moment, ait pour but principal non pas une augmentation des ressources budgétaires, mais une réglementation plus équitable de la valeur locative dans les villes et dans les communes rurales ;

Que pour ces dernières il soit tenu compte de la dépopulation croissante et que la valeur locative en soit proportionnellement réduite. Que dans l'estimation de cette valeur locative des propriétés rurales bâties, les pièces exclusivement consacrées à la conservation des récoltes jouissent de l'immunité résultant de leur caractère purement agricole, alors même qu'elles sembleraient susceptibles d'habitation ;

12° Que les membres des corps électifs, au lieu de représenter un groupement artificiel et purement numérique, soient la représentation des droits et des intérêts de tous les groupes sociaux et professionnels, et en particulier des droits et des intérêts de l'agriculture dont la protection et la défense leur seraient spécialement confiées par un mandat défini.

QUATRIÈME COMMISSION

Industrie. Commerce.

VŒUX

1° Que la législation française favorise la stabilité de la famille, base de toute société prospère, de la famille patronale d'abord, en réformant les dispositions du Code civil qui paralysent la transmission des établissements patrimoniaux ; — de la famille ouvrière ensuite, en mettant le foyer qu'elle aura fondé ou qui aura été constitué en sa faveur, à l'abri d'une licitation, d'une saisie ou d'une vente inconsidérée, en réprimant la séduction, en garantissant le respect dû à la femme ;

2° Que le repos du dimanche soit légalement établi ;

3° Que la liberté d'association soit accordée dans la plus large mesure, notamment que les syndicats mixtes reçoivent d'une manière plus large la personnalité civile ;

4° Que les usines, ateliers, établissements commerciaux, constitués en syndicats, associations, corporations, soient invités à faire leurs règlements particuliers sur la durée du travail quotidien, le travail de nuit, le travail des femmes et des enfants, la responsabilité en cas d'accidents, les retraites, les pensions, l'apprentissage, les conditions de renvoi... Que ces règlements soient contrôlés et sanctionnés par l'État comme il sera dit ci-après et reçoivent force de loi ; — que l'État réglemente seulement les établissements non constitués en syndicats ou associations ;

5° Qu'il soit établi une haute assemblée de spécialistes (commerçants ou industriels), nommée par les syndicats et associations suivant des règles et des formes à déterminer, formant une espèce de sénat professionnel, ne siégeant pas d'une façon permanente, et dont l'avis serait obligatoire pour l'État toutes les fois qu'il s'agirait d'approuver ou de faire des règlements comme il est dit dans le vœu qui précède, d'établir des tarifs de douane, de conclure des traités de commerce, et, d'une façon générale, de trancher des questions intéressant le commerce et l'industrie ;

6° Qu'une entente internationale, conformément à l'initiative prise par la Suisse, mette un frein à la concurrence étrangère, en réglant certains points tels que la durée des heures de travail, le travail des femmes, le travail de nuit, etc.;

7° Que la France, en 1892, recouvre, par la dénonciation de tous les traités de commerce, sa liberté économique ;

8° Que le gouvernement mette un frein à ses dépenses exagérées et s'arrête dans la voie des emprunts qui detournent l'argent des affaires sérieuses en alimentant une spéculation improductive, funeste au travail national, provoquant l'abaissement de la moralité publique ;

9° Que les salaires des ouvriers soient incessibles et insaisissables, excepté au profit de la femme, des enfants et des ascendants, dans une mesure à déterminer.

DÉCLARATION

Avant de se séparer, l'Assemblée provinciale de la Bourgogne, reprenant ce qu'il y avait de légitime et de généreux dans les aspirations de la France, au début de 1789,

Proclame les devoirs de l'homme dans le domaine individuel et social comme la source et la sauvegarde de ses droits : — Devoirs envers Dieu; devoirs envers la patrie ; devoirs envers ses semblables ; devoirs envers soi-même.

C'est en s'inspirant de ces idées, bases de toute société, que l'Assemblée de Bourgogne a accompli ses travaux. Elle décide, en outre, comme conclusion de ces travaux, la constitution d'une Commission permanente chargée de propager et de développer le programme arrêté et de poursuivre la réalisation des vœux formulés.

Enfin elle désigne les délégués pour porter ces vœux à l'Assemblée générale.

Après cette déclaration adoptée dans la dernière séance générale et qui formulait en quelque sorte le résumé et la conclusion des travaux de l'Assemblée, M. de Lupé, prenant une dernière fois la parole, adressait aux membres de l'Assemblée l'allocution suivante :

MESSIEURS.

Je ne voudrais point, au moment où vous venez de terminer vos travaux, mettre encore à l'épreuve votre bienveillante attention, et m'exposer au reproche de retarder l'heure d'un repos mérité. Voici trois journées bien remplies, pendant lesquelles vous n'avez cessé d'apporter dans vos délibérations un zèle et une assiduité qui me semblent un gage de vos résolutions ; je ne puis avoir la pensée de vous en punir par une de ces improvisations où celui qui parle se laisse trop souvent entraîner à ne point ménager la fatigue de ceux qui l'écoutent. Cette dernière journée a été encore plus remplie que les précédentes, et, puisque, d'après les termes de votre règlement, il faut néanmoins vous parler pour clore cette Assemblée, j'essaierai d'être bref et de ne point abuser du crédit que vous voulez bien m'accorder.

Vous féliciter, Messieurs, est une tâche que je ne saurais dignement accomplir. Vos consciences vous rendent un témoignage plus éloquent que ne serait un discours, et la lecture des vœux que vous avez successivement adoptés me dispense d'insister sur l'étendue de vos travaux. Nous avons dû constater les égarements de notre société, les fausses doctrines, les illusions et les mensonges qui altèrent et corrompent l'esprit plus encore que le cœur de la nation. Nous avons vu la loi devenue la complice de la Révolution, que dis-je? Non-seulement elle est complice, mais elle apparaît comme le principal instrument de cette vaste conspiration incessamment dirigée, au nom de la liberté qu'elle outrage, contre tout ce qui protège et développe le génie, l'activité, les mœurs d'un peuple libre. La Révolution était une doctrine, longtemps avant son explosion dans le domaine du gouvernement; mais elle a compris que l'âme de la France ne se plierait pas aisément à son joug, si elle ne parvenait à lui imposer une servitude légale, si elle n'exerçait pas, au profit de ses passions, la puissance publique. Sa tactique fut savante; aucun revers ne l'intimida; lorsqu'elle semblait reculer par instants, son poison subtil continuait de se répandre dans le corps social; elle pénétra dans les lois, sut trouver sa formule politique, et, après des vicissitudes diverses, après avoir marqué de son signe tous les régimes qui sont nés de ses luttes, même ceux qui parurent appelés à la combattre, elle commande aujourd'hui au nom de la loi, elle est le gouvernement.

Je ne vous retracerai pas le tableau des maux dont nous souffrons, des plaies que vous avez sondées, des blessures que vous avez l'ambition de guérir. Mais, vous ayant vus à l'œuvre, j'ai besoin de saluer vos espérances, j'ai besoin de dire que j'y puise mieux qu'une confiance partagée, que j'y trouve la certitude du relèvement de notre pays par l'action des initiatives individuelles, coordonnées et fortifiées sous le souffle fécond de l'esprit d'association.

Avant de nous séparer, je voudrais jeter un coup d'œil rapide sur l'ensemble de vos travaux, et s'il est dit qu'on ne doit que la vérité aux morts, vous me permettrez d'ajouter qu'on la doit aussi aux vivants ; je soupçonne même ceux-ci d'avoir témoigné, par la maxime que je viens de rappeler, combien ils redoutent d'ordinaire la vérité pour leurs œuvres, et par conséquent combien elle leur est nécessaire.

Nous avons intérêt, Messieurs, à nous juger sans la moindre indulgence, afin de nous inciter à mieux faire, et vous ne m'en voudrez pas si, insistant sur un point que vous signalait, il y a quelques instants, M. Langeron, je ne crains pas de dire qu'il s'est produit, dans le cours de vos délibérations, certaines hésitations, certains troubles, parfois certains désaccords dans la libre expression de vos opinions. C'est là un résultat de notre inexpérience ; nous sommes à nos débuts, et nous n'avons pas encore tous compris de la même manière l'utilité, la nécessité, la portée de l'œuvre que nous avons entreprise. Sans doute, nous reconnaissons que notre société est en souffrance, et nous voulons avec une égale ardeur lui apporter les remèdes qui mettraient fin à ses douleurs. Mais il y a parmi nous des intelligences éprises de l'absolu, qui est le fondement de la doctrine ; il y a aussi des esprits pratiques, qui se renferment dans la sphère des faits actuels pour y découvrir le moyen d'obtenir une amélioration immédiate. Je

crois même que cette double préoccupation, qui nous fait
rechercher, d'une part, la doctrine pure et complète, et,
d'autre part, ses applications possibles à notre état social,
nous domine tous, à des degrés divers, et explique fort
bien ces troubles, ces indécisions, ces désaccords auxquels
j'ai fait allusion. L'oiseau prisonnier veut prendre son vol,
il croit voir l'espace devant lui, il s'élance et vient se heur-
ter aux barreaux de sa cage; meurtri et découragé, il
replie ses ailes et renonce pour un temps à les déployer
de nouveau. Comme lui, Messieurs, nous avons l'ambition
de nous élancer vers les horizons entrevus à la lumière de
la doctrine; comme lui, nous rencontrons les barreaux de
la cage, les obstacles que nous opposent notre état social,
nos institutions et nos lois; comme lui, nous replions nos
ailes, et bornons alors notre désir à trouver quelque sou-
lagement dans notre captivité. Concilier les exigences ac-
tuelles de notre société avec les réformes nécessaires que
l'avenir peut seul apporter, c'est un programme qui soulève
dans les esprits une apparente contradiction. Les uns
accepteront trop aisément les faits du temps présent avec
la généreuse pensée d'en corriger les abus et les erreurs;
les autres céderont à un trop profond dédain des réalités
qui nous environnent, pour ne poursuivre qu'un idéal,
dont le rayonnement, du reste, est nécessaire à l'homme,
s'il veut que l'effort de chaque jour élève sa pensée et en-
noblisse son labeur. De part et d'autre, Messieurs, il y a
là une exagération qu'il nous faut éviter. Quand il s'agit
d'une question de doctrine, présentons-la fermement
dans toute son intégrité; quant aux applications, sachons
faire la part du présent et la part de l'avenir. Ne renon-
çons pas au bien qui peut être obtenu aujourd'hui, ne

nous laissons pas détourner du mieux que nous aurons à réaliser demain. L'œuvre qui sollicite nos énergies dans le présent ne pourrait s'accomplir si nous ne songions qu'à l'avenir, mais elle demeurerait inféconde si nous négligions de tracer la route qui doit nous mener à cet avenir. J'espère que, grâce à votre commission de permanence, vous saurez, au prochain centenaire, — pardonnez-moi, je ne veux point vous faire si longtemps attendre, — à votre prochaine Assemblée générale, j'espère, dis-je, que vous saurez, avec une méthode sûre et précise, présenter tout à la fois et mettre en regard les réformes possibles qu'il faut réclamer, les réformes plus complètes qu'il faut rendre possibles. Vous n'aurez plus à vous demander si certains vœux, dont vous reconnaissez l'importance et la légitimité, ne vous exposent point à abandonner la proie pour l'ombre. Vous distinguerez ce qui doit être le travail du jour même de ce qui sera le travail du lendemain, sachant bien que la doctrine ne nous dispense pas de l'action immédiate, encore que ses limites soient restreintes et que cette action ne peut nous faire oublier la doctrine avec ses applications nécessaires. Vous serez vraiment des hommes pratiques, soucieux des besoins de votre temps, appliqués aussi à prévoir et à préparer les temps futurs, dont il vous appartient de hâter la venue.

Dans la rédaction de vos vœux, ce qui m'a frappé, Messieurs, c'est que vous vous êtes montrés franchement, pleinement et résolument catholiques. Mais votre foi éclaire et fortifie votre patriotisme ; vous êtes des catholiques et vous êtes des Français, des citoyens qui aiment leur pays, qui défendent ses traditions, son honneur et sa

gloire, les traditions, l'honneur et la gloire de la fille aî-
née de l'Eglise, qui croient à sa vitalité et veulent ajouter
de nouveaux fleurons à sa couronne séculaire.

Eh bien! là aussi, vos aspirations et vos croyances se
sont heurtées aux réalités douloureuses de l'heure où nous
sommes. Plusieurs d'entre vous ont ressenti quelque indécision, quand leur a été présenté un vœu relatif au
pouvoir temporel du Chef de l'Eglise. Cette indécision, je
la comprends, car le vœu dont je parle, et que, pour ma
part, j'accepte à coup sûr dans toute son extension, avait
le tort de pouvoir éveiller, sous la forme qui lui était
donnée, certains scrupules patriotiques, et de tels scrupules, fussent-ils excessifs ou mal fondés, nous devons les
écarter avec un tact vraiment filial qui n'a rien de commun avec une coupable faiblesse. Nous sommes tous
d'accord sur cette grave question du pouvoir temporel de
la papauté ; et, s'il ne dépendait que de nous de la résoudre, tous, j'en suis certain, nous manifesterions la plus
étroite communauté de sentiments pour déclarer bien haut
que la liberté du Souverain Pontife doit être assurée, que
la puissance temporelle en est une garantie efficace, qu'au
simple point de vue des intérêts civils, cette liberté est
nécessaire, et j'ajoute : particulièrement nécessaire à tout
Etat, qui, comme le nôtre, vit sous le régime des Concordats. Qu'est-ce, en effet, qu'un Concordat? C'est un
traité entre l'autorité civile et l'autorité religieuse ; de ce
traité découlent et des droits et des devoirs qui amènent
entre les deux pouvoirs de constants rapports. Or, je vous
le demande, quel est le gouvernement qui, jaloux de
l'honneur national, consentirait à négocier, à traiter avec
un pape placé sous la dépendance d'une puissance étran-

gère ? Il est vrai que nous voyons aujourd'hui les chefs de peuples négocier et traiter avec un pape dépouillé de son patrimoine; mais savez-vous pourquoi ? C'est qu'à défaut du pouvoir temporel, la revendication incessante qu'en fait le Souverain Pontife, si elle ne suffit pas à lui assurer la liberté matérielle, assure du moins sa liberté morale. c'est que cette revendication établit entre lui et la puissance qui voudrait le réduire à l'état de sujet un fossé si profond que les gouvernements n'ont pas à craindre de trouver en face d'eux un pape asservi à une puissance terrestre. Et cela même est un aveu qui témoigne éloquemment en faveur du pouvoir temporel, destiné, non point à rehausser le prestige des pontifes romains, mais à protéger contre leurs faiblesses humaines les intérêts et la dignité des peuples.

Messieurs, en même temps que vous affirmerez votre foi, comme catholiques. n'oubliez jamais d'être les serviteurs passionnés de la patrie française. Vous avez proclamé la nécessité de rétablir. dans notre société troublée et si cruellement divisée, le principe d'autorité. l'esprit d'association et les bases essentielles d'une véritable représentation nationale. Ce sont là les trois points principaux vers lesquels vous devez orienter vos efforts. Tout pays est une réelle association qui a besoin d'une autorité tutélaire pour présider à son développement et à ses progrès; tout pays doit respecter son droit historique, qui est comme le pivot de la famille nationale. Dans cette grande association, sous peine de subir le joug d'un maître ou d'obéir aux factions. il faut que toutes les forces sociales s'associent suivant leur nature et leurs fonctions. Vous avez donc à préparer la formation de ces groupes sociaux; vous avez le devoir de faire comprendre à tous, et en particulier aux travailleurs, que l'association en plein jour, à ciel ouvert, est la condition de la liberté, que, soumise aux influences morales qui ont enfanté la civilisation chrétienne, elle est le plus puissant instrument de progrès et le meilleur gage de la paix sociale. Vous aurez également à montrer qu'une sage décentralisation administrative doit correspondre aux efforts de l'esprit d'association; que la formation des groupes professionnels, le réveil de la vie communale et de la vie provinciale, dans les limites tracées par les besoins de notre époque, peuvent seuls permettre l'organisation d'une sincère et véritable représentation nationale, d'une représentation de tous les droits et de tous les intérêts; qu'une telle représentation enfin ne peut être l'expression arithmétique des volontés individuelles, sans cohésion, sans lien entre elles, qu'elle doit être l'image fidèle d'une société ordonnée, et que, dans une société démocratique, l'ordre ne peut résulter que de l'association entre les éléments de même nature, qui, par leurs fonctions diverses, constituent cette société. Si vous savez persévérer dans la voie entr'ouverte, si vous ne vous arrêtez pas au milieu de la route où vous avez fait un premier pas, si votre élan grandit à mesure que s'élargira votre horizon, vous aurez bien servi la France, vous aurez bien mérité de votre pays.

Pour accomplir votre œuvre, regardez en face les problèmes du monde moderne, et ne vous laissez point décourager par les difficultés. Ne séparez pas la France d'hier de la France d'aujourd'hui ni de la France de demain. Ces trois Frances n'en font qu'une, c'est la patrie, toujours aimée du même amour, toujours honorée du même culte. Et, en cette année, où le centenaire de 1789 nous invite à opposer aux ruines amoncelées, comme aux périls qui nous menacent, la résolution de réparer les unes et d'écarter les autres par la guerre aux illusions et aux mensonges, apprenons à ne jamais reculer lorsque nous avons à faire tout à la fois œuvre de catholiques et œuvre de français.

Dans cette province de Bourgogne se trouve un sanctuaire où l'Eglise et la France, où la mère et la fille puisent à la même source de fortifiants espoirs. Qu'il me soit permis de saluer ce lieu vénéré, en évoquant devant vous un glorieux souvenir qui nous donne un enseignement et un exemple. C'était en 1870, aux jours d'épreuve et de deuil. Au milieu de la tempête qui secouait la France jusque dans ses fondements, un éclair sillonna le ciel obscur. Tandis que tout semblait jeter un défi à nos antiques gloires, une poignée d'hommes, marchant à la mort, ranimait tout à coup notre fierté nationale. Sur leur front brillait un double signe qui restera pour nous celui du ralliement, le signe de la foi catholique, le signe de l'honneur français. Ces hommes avaient un drapeau, une bannière comme celle que Jeanne d'Arc portait à la bataille. Ils allaient, au lieu même où Jeanne la Lorraine avait vaincu, offrir un sacrifice expiatoire pour la France humiliée, et l'admiration de l'ennemi devait donner à leur défaite tout l'éclat d'une victoire. L'emblème qui les guidait avait fait passer en eux le souffle des héros ; c'était un drapeau tissé par d'humbles religieuses, le drapeau de Paray, le drapeau de Patay, c'était la bannière du Sacré-Cœur.

Comme ces hommes, Messieurs, ne craignez ni la lutte

ni les revers, ne calculez pas votre nombre, et déployez un drapeau qui témoigne de votre intrépide ardeur pour le service de Dieu et de la patrie. Comme eux, vous êtes une petite troupe, une poignée de combattants ; vous n'êtes qu'une minorité. Mais ce que peuvent les minorités résolues, l'histoire vous l'apprend. Quand on combat pour la justice, le sang que l'on répand ou l'idée que l'on sème défie les arrêts de la fortune adverse ; ce sang et cette idée contiennent un germe de vie, dont apparaît tôt ou tard l'invincible fécondité.

Vous croyez, vous espérez ; avec vous, je crois et j'espère ; mais cela ne suffit pas : il faut encore aimer, et, pour aimer, il faut se dévouer sans mesure, c'est dire qu'il faut agir. Agissez donc avec vigueur et surtout avec persévérance ; cultivez le vaste champ qui s'offre à votre labeur ; travaillez aujourd'hui, travaillez mieux demain, travaillez sans relâche. C'est sur ce mot que je veux m'arrêter, en revendiquant pour nous tous, quelle que soit notre fonction sociale, le titre de travailleurs, grand et noble titre, qui sans doute n'efface pas les inégalités humaines, mais qui, devant Dieu et devant les hommes, sous la commune loi de l'effort et du sacrifice, égalise nos volontés et nos cœurs.

DOCUMENTS ANNEXÉS

RAPPORTS

PRÉSENTÉS

A L'ASSEMBLÉE GÉNÉRALE

AU NOM

DES QUATRE COMMISSIONS

PREMIÈRE COMMISSION

FAMILLE. — MŒURS.

RAPPORT DE M. METMAN

Comparer l'état actuel de la France à ce qu'était notre patrie il y a cent ans, c'est constater l'inefficacité radicale des remèdes que nos pères, en 1789, considéraient comme souverains.

La France souffrait, il y a cent ans, et nous pouvons nous rendre compte des causes de ses maux : elle souffrait de ce qu'on a appelé les abus de l'ancien régime, c'est-à-dire du maintien traditionnel de tout un ensemble d'institutions qui n'avaient plus leur raison d'être.

Nos pères ont cru qu'il suffirait de rompre hardiment avec la tradition pour guérir tous ces maux.

La foi chrétienne avait fait une France grande et forte ; elle se mêlait intimement à nos traditions nationales, on trouvait partout son influence dans ces institutions vieillies. Vinrent les philosophes, et l'on crut que, la philosophie se substituant à la religion, l'esprit humain émancipé verrait s'ouvrir devant lui une ère de prospérité inconnue. C'est cette conviction générale qui a été l'âme de la Révolution.

Et aujourd'hui, après cent ans, nous attendons sans y croire la prospérité promise. Tout a changé autour de nous depuis cent ans, les idées, les institutions, tout, excepté ce malaise profond qui a servi de prétexte à la Révolution.

Écoutons donc les doléances qui, en 1889, viennent faire un douloureux écho à celles de 1789 ; recueillons les vœux qui les accompagnent et demandons-nous ce qu'un juge impartial doit répondre à cette question : Le remède proposé en 1789, accepté avec enthousiasme et appliqué sans ménagement à cette date, n'a-t-il pas augmenté les maux qu'il devait guérir ?

En ce qui concerne la famille et les mœurs, les doléances sont unanimes à constater l'étendue et la profondeur du mal.

La famille, cette unité naturelle, primordiale, voulue de Dieu, sur laquelle s'appuient toutes les organisations sociales et politiques, elle est aujourd'hui, en France, plus désorganisée que jamais, dans toutes les classes de la société.

La famille repose sur l'idée de Dieu ; si le père tient la place de Dieu, son autorité apparaît légitime, la famille sera respectée. Si le père, représentant de Dieu, a pour mission de peupler la terre pour augmenter les mérites et multiplier le nombre des élus, la famille sera féconde. Si le père a le devoir de transmettre à ses enfants, avant le patrimoine qui n'est que l'accessoire, les croyances religieuses révélées et les traditions du foyer, la famille sera durable.

Or, toutes les doléances s'accordent à constater que l'autorité paternelle s'amoindrit, que la fécondité des familles diminue, tandis que leur instabilité augmente de plus en plus.

Troubles profonds dans les ménages, luttes entre les différentes classes de la société, arrêt du mouvement d'expansion de la race qui permettait jadis la création de colonies prospères, tels sont, en quelques mots, les résultats les plus frappants d'un état de choses qui tend à se généraliser rapidement.

La cause de tous ces maux est plus ou moins comprise ; beaucoup de ceux qui les constatent et les déplorent s'arrêtent volontiers à des causes secondaires qu'ils exagèrent ; d'autres, plus clairvoyants, dénoncent hautement comme l'origine de cette désorganisation de la famille l'amoindrissement de la foi et la diminution de son influence pratique sur les mœurs.

C'est donc avant tout et surtout dans la restauration des croyances religieuses, dans la conversion de la France, qu'il faut chercher le remède.

La religion occupe encore dans notre pays une large place ; dans chaque commune, le clocher élève la croix au-dessus de tous les foyers ; dans la plupart de nos villes les monuments admirés, dont tous sont fiers, ce sont des églises ; le prêtre est encore généralement respecté, mais ce n'est pas uniquement par la magnificence de ses temples que se mesure l'action d'une religion. Dans cette même ville que signalent au loin ses clochers élevés, où l'étranger admire des églises habilement restaurées et entretenues à grands frais, dans ces villages où la cloche continue à appeler régulièrement les fidèles à la prière, comptez combien sont nombreux les chefs de famille qui jamais ne franchissent le seuil de l'église, qui surtout jamais n'y prient. Parmi les hommes importants de la cité ou du village, parmi ceux qui y donnent le ton, combien peu se disent et sont réellement chrétiens ?

Cette statistique sommaire suffit à expliquer la décadence de l'esprit de famille pour qui sait que la croyance religieuse seule, en donnant une base solide à la morale, peut assurer la sainteté de la famille en sauvegardant la véritable dignité de la femme et les droits sacrés de l'enfant.

Sans doute la législation n'est pas étrangère à la décadence de la famille; mais gardons-nous d'exagérer le pouvoir du législateur et ne lui demandons pas l'impossible. Les mœurs, plus puissantes que les lois, sont une résultante de causes très complexes.

Néanmoins la loi, impuissante à guérir tous les maux, ne doit cependant en provoquer aucun, et, à ce point de vue, notre législation, bien qu'acceptée sans protestation par la plupart des citoyens, n'échappe pas à toute critique.

Elle a contribué à la décadence de l'esprit de famille,

a) Par la réglementation civile du mariage,·

b) Par l'organisation du régime successoral qui amoindrit l'autorité paternelle,

c) Par la répression insuffisante de certaines entreprises de l'immoralité, soit contre la femme, soit contre la décence publique.

A

FAMILLE. — MARIAGE.

RAPPORT DE M. POISOT

Si l'esprit de famille est dégénéré aujourd'hui, quelles sont les causes de ce mal social ?

Elles sont complexes, mais parmi elles il faut placer en première ligne les lois et les mœurs sur le mariage. Le mariage est la base de la famille, si cette base repose sur un sol instable, c'est-à-dire sur des principes faux, la famille sera bien ébranlée.

Or, il n'est pas difficile de constater que les unions d'aujourd'hui n'offrent pas les garanties que la société est en droit d'attendre de l'institution du mariage. Les bons ménages, ceux qui constituent cette association intime de l'homme et de la femme travaillant en commun pour s'entr'aider dans les difficultés de la vie, s'élever ensemble vers l'éternel infini et laisser une famille continuant leur œuvre dans le monde, ces ménages-là sont-ils communs?

Ceux basés seulement sur une affection réciproque qui, à défaut de sentiments plus élevés, pourrait encore abriter une vie commune heureuse et féconde, ceux-là sont-ils bien nombreux?

Ce qui préside maintenant aux mariages, comme à presque toutes les autres actions humaines, c'est l'intérêt, comme par exemple, la nécessité qui force l'ouvrier ou le paysan à avoir une ménagère, l'employé à posséder un chez lui, le capitaliste à ouvrir ses salons.

Pour remplir un tel but, le mariage devra être une bonne affaire, et les avantages recherchés par les futurs seront purement matériels. Ainsi, une fois la vie commune commencée, les caractères s'aigriront, les luttes apparaîtront. On aura pesé les sacs d'argent et arpenté les pièces de terre, mais on n'aura pensé ni aux principes, ni aux idées, ni aux caractères, pas même à la vie commune et à la famille future.

Le même esprit présidera à toute la vie des époux qui n'essaieront de se faire aucun des sacrifices réciproques, mais rechercheront seulement l'argent, la liberté et le plaisir.

Il n'est pas étonnant que dans ces conditions les mariages ne soient pas heureux et que ceux mêmes qui les contractent, les assimilent au concubinat, en réclamant le droit de les dissoudre à leur gré. Ils ont raison à leur point de vue, car l'union formée dans ces conditions n'est qu'une union intérieure qui ne ressemble pas au véritable mariage.

Il est difficile de montrer par des preuves officielles l'abaissement du mariage et la situation fâcheuse des ménages. Ce sont des choses qui restent généralement cachées et qui ne peuvent être saisies par les pouvoirs publics que dans les cas rares où les crises se produisent à l'état aigu. Si donc nous démontrons par les statistiques une aggravation dans l'état des mœurs à propos du mariage, ce ne sera que le signe extérieur d'un mal beaucoup plus grand régnant à l'état latent dans toute la société.

Pour faire cette démonstration, nous nous bornerons à examiner trois éléments :

A. — La diminution du nombre des enfants légitimes ;

B. — L'augmentation du nombre des enfants naturels ;

C. — L'augmentation du nombre des séparations et divorces.

A. — *Décroissance de la natalité légitime*

En comparant les statistiques de la population commencées en 1806 et se prolongeant jusqu'en 1888, nous voyons qu'en 1806, pour 25 millions d'habitants, il y avait 869 mille naissances d'enfants légitimes ; en 1888, pour 38 millions d'habitants, il n'y en a plus que 808 mille. Or, en tenant compte de l'augmentation de population, pour avoir la même proportion d'enfants légitimes en 1888 qu'en 1806, il faudrait en avoir 1 million 139 mille, c'est-à-dire que le nombre annuel des naissances d'enfants légitimes a diminué de 331 mille, soit d'un quart ! Au lieu d'une naissance annuelle d'enfant légitime pour 33 habitants, on n'en a plus qu'une pour 47 habitants. Le rapport des naissances légitimes au total des naissances, qui était de 0,95 en 1806, est tombé à 0,92 en 1888.

B. — *Augmentation de la natalité naturelle.*

Tandis que la natalité légitime décroît dans de telles proportions, la natalité naturelle augmente dans une proportion presque aussi considérable. Prenons les mêmes statistiques. En 1806, le nombre des naissances naturelles était de 47 mille, en 1888, il est de 75 mille ; tenant compte de l'augmentation de population, ce nombre devrait être de 62 mille, il est donc de 13 mille en plus, soit 1/5e environ d'augmentation. Le nombre annuel des naissances naturelles était en 1806 de 1 pour 617 habitants, il est maintenant de 1 pour 507. Le rapport des naissances naturelles au total des naissances, qui était 0,05 en 1806, est passé à 0,08.

A Paris, suivant la statistique municipale de 1889, le rapport des naissances naturelles aux naissances totales s'élève à environ 0,28, soit près des 3/10es. Il y a donc élévation du nombre des naissances naturelles et du rapport de ces naissances aux naissances totales, surtout dans les grandes villes (1).

C — *Accroissement du nombre des séparations et divorces.*

L'accroissement du nombre des séparations et divorces est encore plus frappant. Nous avons consulté la statistique de 1837 à 1886. Nous trouvons comme nombre de séparations :

1837.	460	séparations.
1841.	691	
1851.	864	
1861.	1652	
1872.	2150	
1883.	3010	
1884.	3790	(séparations ou divorces demandés directement).
1885.	5240	
1886.	6207	
1887.	6605	

(1) Voir le tableau général à la page suivante.

Tableau des naissances légitimes, naturelles et totales annuelles de **1881** à **1888**.

ANNÉE	NAISSANCES LÉGITIMES	DIFFÉRENCES ANNUELLES	NAISSANCES NATURELLES	DIFFÉRENCES ANNUELLES	NAISSANCES TOTALES	DIFFÉRENCES TOTALES
1881	866,978		70,079		937,057	
1882	864,261	— 2,717	71,305	+ 1,226	935,566	— 1,491
1883	863,731	— 530	74,213	+ 2,908	937,944	+ 2,378
1884	863,004	— 727	74,754	+ 541	937,758	— 186
1885	850,387	— 12,617	74,171	— 583	924,558	— 13,200
1886	838,032	— 12,355	74,806	+ 735	912,838	— 11,620
1887	825,479	— 12,553	73,854	— 952	899,333	— 13,505
1888	807,720	— 17,759	74,919	+ 1,065	882,639	— 16,694

Le nombre des séparations va toujours en augmentant, il double une première fois de 1837 à 1851 (14 ans), une seconde, de 1851 à 1861 (10 ans), une troisième, de 1861 à 1883 (22 ans), et une quatrième, de 1883 à 1886, seulement en 3 ans. En résumé, il y a en 1886, 16 fois plus de séparations qu'en 1837. Et dans ce nombre nous laissons de côté les conversions de séparations en divorce qui s'élèvent à 6,124 de 1884 à 1887, mais qui feraient double emploi dans notre étude avec un nombre égal de séparations (1).

En 1880, 56% des demandes d'assistance judiciaire avaient trait à des séparations de corps. En 1887, il y a devant les mêmes bureaux 11,916 demandes d'assistance à fin d'obtenir le divorce et 5,761 à fin de séparation, soit au total 17,677 ou 3,4 des demandes. En 1880, on comptait 8 séparations pour 1,000 mariages célébrés ; en 1886, 14 pour 1,000.

Enfin, pour compléter ces données, ajoutons que le nombre des mariages annuels célébrés est toujours, depuis 1806, proportionnel à la population : il est de 0,72 à 0,74 par 100 habitants, sauf cependant depuis deux ans; il semble que la loi du divorce ait fait baisser le nombre des unions, car de 283,000 en 1886, elles sont tombées, en 1888, à 276,000.

Les statistiques démontrent donc, toutes choses égales d'ailleurs : 1° la diminution des enfants légitimes ; 2° l'augmentation des enfants naturels ; 3° l'augmentation des dissolutions de mariage ou séparations des époux prononcées judiciairement.

Ne faut-il pas conclure de ces données officielles la preuve de

---

(1) Le nombre général des divorces prononcés, tant directement que par conversion, est le suivant :

1884	1,657
1885	1,277
1886	2,950
1887	3,636
1888	4,078

l'abaissement du mariage, que nous démontrions tout à l'heure par la simple considération de notre état social ?

La diminution des enfants légitimes ne montre-t-elle point que dans le mariage on recherche surtout une vie facile, qu'un égoïsme mal entendu éloigne des nombreuses familles, et que l'esprit outré d'épargne et d'économie entraine la nation à une ruine inéluctable ? Peut-être aussi la facilité des mœurs des célibataires, l'abus des alcools et le surmenage intellectuel appauvrissent-ils le sang français. Enfin le grand nombre des séparations amiables et par justice est encore une des causes de la diminution de la natalité légitime.

L'augmentation des naissances naturelles semblerait *a priori* nous conduire à ce fait que le concubinat remplace peu à peu le mariage civil. Ce serait une erreur, puisque la proportion des mariages est toujours à peu près la même par rapport à la population. Le plus grand dérèglement des mœurs des célibataires peut être une cause de l'augmentation des enfants naturels, mais dans une proportion restreinte, croyons-nous ; car il est difficile de supposer que les unions irrégulières augmentent dans la partie non mariée de la population, tandis que la partie mariée reste stationnaire ; en outre, les femmes les plus débauchées qui forment l'armée de la prostitution n'ont que peu d'enfants. Ce qui cause principalement l'augmentation des enfants naturels, c'est surtout la fréquence de ces unions irrégulières survenant chez des personnes qui, avant ou après, s'engagent dans des liens légitimes. C'est-à-dire que cette statistique nous montre l'inconstance dans la vie matrimoniale, l'abandon d'un foyer pour un autre, en un mot l'instabilité conjugale.

C'est aussi ce que démontre, et cette fois *a priori*, le nombre croissant des divorces et séparations. Ou les caractères s'accordent moins bien qu'autrefois, ce qui s'explique par la légèreté avec laquelle on contracte mariage, ou encore la vie commune paraît plus difficilement supportable à la première querelle. Il ne faut pas oublier, en effet, que 90 0/0 des séparations sont prononcées pour sévices et injures. La foi conjugale est aussi plus facilement violée, lorsqu'elle n'est point fortifiée par l'idée religieuse.

Le mal social que viennent de nous révéler les statistiques tient donc à trois causes principales :

1° Conclusion irréfléchie des unions;

2° Oubli du but principal du mariage, création de la famille ;

3° Intolérance réciproque des époux et désir de briser le lien conjugal.

Par quels moyens remédier à cette situation ?

L'action de la loi est difficile en cette matière, Auguste et sa législation caducaire l'ont prouvé ; le remède le plus certain est de faire apparaître à tous le véritable caractère du mariage, c'est-à-dire son caractère religieux. Toutes les nations qui ont agi ainsi ont assuré solidement les bases de la famille.

Les païens n'ont pas échappé à cette loi. A Rome, la famille n'a existé que lorsque la *confarreatio* liait presque indissolublement et d'une façon sacrée les époux entre eux. Simple contrat civil, le mariage n'est plus que l'asservissement de la femme, objet d'un achat comme dans les législations barbares ou orientales, ou l'extrême licence comme dans l'institution du mariage libre de l'empire romain.

Mais si le caractère religieux a pu préserver la dignité du mariage même dans les nations païennes, combien cela sera-t-il plus vrai dans la société chrétienne, là où le mariage étant un sacrement, confère toutes les grâces nécessaires à cet état ! Lorsque le chrétien et la chrétienne, connaissant leur religion, auront médité l'Evangile et saint Paul, n'auront-ils pas pour se conduire dans la vie commune un guide bien plus sûr que les raisons de convenance et d'intérêt ? L'étude du livre de saint Augustin à Pollentius n'évitera-t-elle pas bien des luttes et n'amènera-t-elle pas souvent des réconciliations remplacées aujourd'hui par des demandes en divorce? Comment se faire du mariage une idée plus belle et plus feconde qu'en se le représentant comme un sacrement conféré par le libre consentement des époux à un contrat de droit naturel dans lequel ils conviennent de mettre perpétuellement leur vie en commun, de se consacrer l'un à l'autre et d'élever chrétiennement leur famille?

C'est ainsi que le mariage sera à la hauteur du rôle social qu'il doit remplir, autrement il restera une institution dégénérée. La première réforme à accomplir est donc que la nation reçoive en cette matière une éducation chrétienne afin que chacun soit en état de comprendre ses devoirs dans le mariage, la grandeur d'une institution qui est un sacrement et l'esprit de charité qui doit animer les époux dans les difficultés de la vie. Que l'homme sache user de son autorité en chrétien, que la femme sache accepter cette autorité avec la persuasion qu'il faut un chef dans toute association, que tous deux se réunissent dans un même esprit pour l'éducation des enfants et les labeurs de la vie quotidienne, et nous verrons bientôt s'arrêter les statistiques qui nous affligent. Il importe donc avant tout d'instruire chaque catholique du caractère religieux et indissoluble du mariage.

Cette proposition générale dépendant de l'éducation, mais non de la loi, ne saurait faire la matière d'un vœu, mais nous nous y sommes arrêté un instant, à cause de son importance capitale, et parce qu'il est urgent de combattre en cette matière l'ignorance de jour en jour plus grande des catholiques français, entretenue, il est vrai, par la législation civile.

Passons donc à l'examen de cette législation et voyons quelles sont les modifications que les catholiques doivent réclamer pour mettre en évidence la sainteté et l'indissolubilité du mariage.

Contrairement à nos principes, la Constitution de 1791

n'aperçoit absolument rien de sacré dans le mariage : « La loi, dit-elle, ne considère le mariage que comme contrat civil. » C'est la sécularisation de l'union légitime. A ce point de vue, le Code civil, après la loi du 20 septembre 1792, n'a rien changé, et le mariage qui se contracte à la mairie est un mariage ayant un caractère purement civil.

Cette sorte de dédoublement du mariage, contrat civil pour la loi, contrat religieux pour la conscience des catholiques, est une des causes de l'abaissement de l'institution. Du moment où la loi laisse de côté le caractère sacré du mariage, elle en fait une sorte d'union secondaire réglementée plus ou moins sévèrement, suivant les caprices du Parlement.

L'Eglise n'a jamais pu admettre une pareille décision, le mariage est un sacrement ou n'est pas ; il n'y a pas moyen de faire d'un côté un mariage légal, de l'autre un mariage religieux. C'est ainsi que Pie IX a indiqué comme une erreur de dire *que le sacrement du mariage n'est qu'un accessoire du contrat, qu'il peut en être séparé et que le sacrement ne réside que dans la bénédiction nuptiale* (1). Léon XIII, dans son encyclique du 10 février 1880, a dit également :

« Que la distinction entre le sacrement et le contrat civil, qui est plutôt une séparation, ne peut être admise, puisqu'il est reconnu que dans le mariage chrétien, le contrat ne peut être séparé du sacrement, et que, par conséquent, il ne saurait y avoir dans le mariage de contrat vrai et légitime sans qu'il y ait par là même sacrement. »

Nous devons donc combattre la division du mariage en mariage civil et mariage religieux comme catholiques, parce que cette division est contraire à notre foi et à notre discipline, et comme citoyens, parce qu'un mariage légal qui n'a qu'un carac-

---

(1) *Syllabus*, prop. 67

tère civil amoindrit l'institution au grand détriment de la société.

D'ailleurs, seule avec l'Italie parmi toutes les puissances catholiques, la France a adopté le mariage civil ; l'Autriche l'a repoussé pour les catholiques ; l'Espagne, après y avoir été soumise par la loi du 18 juin 1870, en a été affranchie le 9 février 1875 ; le Portugal, dans le Code de 1868, laisse toute sa force au mariage religieux. S'il est vrai qu'en Italie le mariage civil existe, du moins le mariage religieux n'est pas assujetti à celui-ci et peut être célébré avant l'union civile.

Cette réforme a été proposée en France par certains auteurs. On a demandé qu'on pût célébrer le mariage religieux indépendamment du mariage civil et qu'en conséquence les articles 199 et 200 du Code pénal fussent abrogés. Certainement, en pratique, cette réforme donnerait une grande satisfaction aux catholiques, elle éviterait la position si terrible de l'épouse à qui son conjoint refuse le mariage religieux après la célébration du mariage civil, et mettrait fin à la délicate situation des pasteurs, obligés par la loi ecclésiastique de prêter leur concours à ceux qui sont habiles canoniquement à contracter mariage indépendamment de tout acte civil, concours déclaré aujourd'hui délictueux par nos lois.

Mais, si en pratique cette modification législative lève bien des difficultés, en théorie elle ne remédie à rien. Elle laisse subsister la dualité de mariage condamnée par l'Église et conserve à l'union légale son caractère civil si préjudiciable aux intérêts sociaux. D'ailleurs, au nom même de la liberté, on peut se demander comment l'État s'arroge le privilège de ne regarder comme mariés que ceux dont le contrat est revêtu de son estampille.

Tandis que les autres contrats se forment indépendamment de la puissance publique, comment le contrat de mariage, qui est plus que tout autre de droit naturel, ne peut-il se former qu'avec le concours de l'autorité, comme autrefois à Rome le testament, qui était l'objet d'une loi?

Il faut donc demander pour rentrer dans la vérité des choses, tant au point de vue religieux qu'au point de vue social, que le mariage ne soit pas formé par l'Etat, et que l'Etat ne continue pas à ne reconnaître comme époux que ceux qui ont été ainsi appelés par l'officier de l'état civil ; tandis que tous les autres seront considérés par lui comme des concubins encourant pour eux ou pour leurs enfants certaines indignités. Sont maris et femmes, suivant le droit naturel, ceux qui, se conformant à ce droit, entendent l'être, et, suivant le droit sacré des catholiques, ceux qui se sont conféré le sacrement de mariage.

Mais, d'un autre côté, si nous nions à la puissance publique le droit de faire des époux, nous n'entendons point lui nier ses pouvoirs sur la condition des personnes mariées. C'est elle qui règle les effets de la puissance maritale, le régime des biens des époux, le droit successoral et tous les autres effets juridiques qui découlent du mariage; il est donc juste que l'Etat ait le droit d'accorder ou non ces effets, et juge si le lien matrimonial librement formé lui offre assez de garanties sociales. Ainsi l'Etat peut mettre des conditions à l'obtention des effets civils du mariage. C'est, du reste, ce que la législation canonique a toujours reconnu.

L'Etat peut d'abord demander que les époux présentent leur acte de mariage à l'enregistrement de la puissance civile, afin de pouvoir contrôler les conditions de l'union et établir les registres de l'état civil. C'est cet enregistrement qui remplacerait la cérémonie peu solennelle du mariage civil.

Mais nous allons plus loin. L'Etat peut même faire des lois pour déclarer que les époux qui n'ont pas rempli telle ou telle condition ne pourront jouir des effets civils du mariage. Ainsi nous admettons que l'on pourrait aujourd'hui ne pas changer une seule des conditions matrimoniales du Code civil et rentrer dans la vérité des choses. Il suffirait de donner ces conditions comme nécessaires non plus à l'existence du mariage, mais à l'obtention des effets civils du mariage. Évidemment, il est grave de refuser les effets du mariage à ceux qui sont mariés sacramentellement s'ils sont catholiques, ou suivant le droit naturel, s'ils n'ont pas de culte. Nous pensons néanmoins que des considérations sociales résultant du climat, des mœurs locales, peuvent justifier ces exceptions, si elles se maintiennent, bien entendu, dans des limites raisonnables. Ainsi on conçoit très bien qu'on refuse l'effet civil au mariage de ceux qui ne le font pas enregistrer, qui le contractent clandestinement, qui, eu égard aux pays, se marient trop jeunes, et même qui, ayant un certain âge, ne rapportent pas le consentement de leurs parents. En un mot, notre Code Napoléon, tel qu'il est rédigé aujourd'hui, nous semblerait pouvoir être maintenu, à condition que ce qui est qualifié d'empêchement dirimant au mariage devienne un empêchement à l'acquisition des droits résultant de la condition d'époux. Néanmoins, comme la religion catholique est la religion de la plupart des époux, il serait bon d'entrer en négociation avec la cour de Rome pour réduire au minimum et d'un commun accord les différences de législation.

En résumé, la situation serait celle-ci :

La formation du mariage serait indépendante de l'Etat ; le catholique qui aurait reçu le sacrement de mariage, l'individu sans culte connu qui se conformerait pour son mariage au droit naturel, seraient considérés comme mariés. Ils ne vivraient donc pas en concubinage et leurs enfants n'encourraient pas les exclusions ou les indignités des bâtards. Mais pour que le mariage produisit ses effets civils il faudrait que les époux se fussent conformés à la législation matrimoniale civile, et aux conditions que celle-ci imposerait, conditions limitées évidemment aux exigences sociales du pays.

De cette façon, le caractère religieux du mariage est maintenu, du moins pour tous les catholiques, qui forment la presque totalité des Français. Si le mariage des individus sans culte reste dépouillé de ce caractère, c'est une nécessité qui vient démontrer surabondamment que les institutions non fondées sur la religion ont par le fait même une infériorité sur les autres.

La loi doit non-seulement laisser au mariage son caractère religieux, mais proclamer son indissolubilité. Le mariage ne sera respecté que s'il est perpétuel. Il faut pour abriter la famille une maison solidement bâtie capable de résister à toutes les attaques, et non point une tente qui peut disparaître au premier souffle de la tempête. Le grand mal du divorce, c'est d'entrevoir sa possibilité avant et durant le mariage. Le caractère de l'union est changé, ce n'est plus une vie commune, c'est une association temporaire qu'on peut liquider d'un jour à l'autre.

Le mariage est indissoluble de droit naturel. C'est ainsi que Pie IX a condamné comme une erreur la proposition qui consiste à dire que le mariage n'est pas en droit naturel un lien indissoluble (1). Pour relever le mariage, il faut donc en proclamer l'indissolubilité comme loi politique à l'égard de tous, puisque nous avons dit que tout mariage devait être conforme au droit naturel.

Cependant telle n'est pas notre loi française. Bien que le divorce n'ait été réclamé que par un seul cahier aux états généraux, celui apporté par le duc d'Orléans, les législateurs de 1792, ne voyant dans le mariage qu'un contrat ordinaire, crurent devoir admettre le divorce très largement. « Le comité, dit le rapporteur de la loi de 1792, Léonard Robin, a cru devoir accorder ou

---

(1) *Syllabus*, prop. 67. Voy. aussi Tho., sent. 4, dist. 33, q. 2, art. 1, *Inseparabilitas matrimonii est de lege naturæ*.

conserver la plus grande latitude à la faculté du divorce, à cause de la nature du mariage, qui a pour base principale le consentement des époux, et parce que la liberté individuelle ne peut jamais être aliénée d'une manière indissoluble par aucune convention. » Aussi la loi du 20 septembre 1792 admettait largement le divorce. Napoléon, dans la confection de son Code, réparant par le principe d'autorité bien des erreurs révolutionnaires, fit disparaître une grande partie des cas de divorce, mais en conserva le principe. Aboli en 1816, le divorce vient de rentrer dans notre législation en 1884. Les idées de liberté absolue exprimées en 1792 n'ont pas paru être la raison déterminante des législateurs de 1884, qui ont été plutôt émus par quelques situations particulières.

Pour venir au secours d'un petit nombre d'existences malheureuses, ils n'ont pas hésité à amoindrir une institution déjà dépouillée de son caractère religieux, et à enlever encore une des différences qui séparent le mariage du concubinat. Non-seulement la loi du divorce est contraire à la dignité du mariage, aux principes catholiques, mais elle donne le plus souvent une prime à l'inconduite en le désignant comme porte de sortie du mariage.

Jusqu'à présent, les pays catholiques n'avaient pas infligé ce nouvel affront au sacrement de mariage ; l'Italie elle-même n'a pas admis le divorce.

Les résultats de la loi de 1884 commencent seulement à paraître, le nombre des unions rompues va en augmentant. De 2,330 demandes en divorce introduites en 1885, on est passé à 5,434 en 1888. D'un autre côté, nous avons remarqué plus haut que depuis l'introduction du divorce le nombre des mariages, à peu près stationnaire depuis 1806, décroît constamment. Conséquence singulière et à coup sûr imprévue de la nouvelle loi. Mais le résultat le plus fâcheux, suivant nous, c'est de faire perdre à la masse de la population l'idée de la perpétuité du mariage. En voyant de par le monde une foule de familles brisées, de maris à plusieurs femmes, de femmes à plusieurs maris, d'enfants partagés entre des familles étrangères, on perdra toute idée du foyer et de la famille, on se perdra dans cette confusion. On n'osera blâmer la loi qui autorise de pareilles choses, on ne comprendra plus la religion qui les réprouve, et on perdra le peu de respect que le mariage inspire encore.

Aussi demandons-nous que, conformément au droit naturel, la loi reconnaisse l'indissolubilité du mariage. En supposant notre première réforme admise, la loi ne devrait donc pas enregistrer un contrat de mariage admettant le divorce, ni donner à cet acte aucun effet civil.

Telles sont les points principaux qui nous paraissent devoir être réformés dans la législation matrimoniale.

B

FAMILLE. — RÉGIME SUCCESSORAL.

·✲· --

RAPPORT DE M. GEORGES ROY

La famille est la véritable unité sociale ; toute société humaine n'est qu'un assemblage de familles. Que celles-ci manquent à leur mission, et la commune, la province, la nation tout entière languit et se dissout. Quelle est donc la mission de la famille?

Elle est contenue tout entière dans ces paroles de la Genèse, adressées par Dieu, au lendemain même de la création, au premier homme et à la première femme : « *Crescite et multiplicamini, replete terram, — et subjicite eam.* » Résumé précis de la double mission donnée au premier couple humain et à tous ceux qui devaient en sortir.

Pour la remplir, la famille doit être *féconde*, — elle doit être *stable*.

Féconde, puisque deux êtres seuls à l'origine, ont reçu la

6

terre entière pour domaine ; puisqu'ils doivent la peupler : d'immenses espaces, aujourd'hui encore, attendent leurs habitants : de riches moissons se préparent, depuis des siècles sans nombre, pour les serviteurs du vrai Dieu.

Stable, puisque chaque génération doit faire avancer d'un pas la conquête de la terre : il faut que les résultats acquis par chaque génération lui survivent, et servent de point de départ pour la marche en avant des générations nouvelles. La stabilité de la famille, c'est la transmission du patrimoine des aïeux aux petits-enfants : patrimoine moral, autant et plus que patrimoine matériel ; c'est la conservation héréditaire du foyer paternel, de l'établissement familial, mais aussi et surtout la fidélité aux souvenirs, aux traditions des ancêtres ; c'est le respect de l'autorité paternelle, garantissant la formation morale et l'union des jeunes membres de la famille.

Stérilité et instabilité, tels sont les symptômes caractéristiques de la désorganisation de la famille. Symptômes d'autant plus faciles à constater que ces agglomérations de familles qu'on appelle une commune, une province, une nation, les présentent avec une intensité au moins égale.

Sur ces points, les doléances sont unanimes.

L'ensemble des familles françaises est infécond.

Depuis un siècle, la population de la France a augmenté de 35 %.

Dans le même laps de temps, l'Angleterre et l'Allemagne ont peuplé les Etats-Unis, l'Australie, le Cap, et malgré cette émigration énorme, leur population s'est accrue pour la première, de 190 %, pour la seconde de 160 %. Les Russes ont peuplé des steppes jadis désertes. Les 60,000 colons français du Canada de 1770 comptent aujourd'hui plus de 2 millions de descendants.

Voici du reste, par ordre décroissant, chez les peuples nos

voisins, l'excédent annuel des naissances sur les décès ; pour mille habitants, on compte :

En Angleterre, 13 naissances.
— Allemagne, 12,5 —
— { Autriche, } 7 —
   { Italie,   }
— Belgique, 6,5 —
— Suisse, 6 —
— Espagne, 4,5 —
— France, 1,5 —

Et si nous comparons la France de 1888, non plus aux peuples étrangers, mais à la France de 1810, nous trouverons à cette dernière date le chiffre correspondant, 4,5.

En face de rivaux grandissants, c'est à peu près de l'immobilité ; en face de la France d'autrefois, c'est l'alanguissement. A tous égards, c'est l'amoindrissement progressif et fatal, c'est la déchéance de la race française dans le monde.

Le sujet est affligeant : il est délicat. Le patriotisme nous oblige cependant à le creuser davantage.

La France est au dernier rang des peuples avec un accroissement annuel de *un et demi* pour mille. Et cependant, d'après les dernières statistiques, la France est le pays où on émigre le moins, où l'on meurt le moins, où l'on se marie le plus.

Mais aussi celui où l'on compte le moins de naissances, où les unions sont le moins fécondes.

En Allemagne....... 100 ménages donnent 29 naissances.
En Belgique .... — — — 28 —
En Angleterre ...... — — — 26 —
En Italie et en Suisse. — — — 25 —
En France .... — — — 17 —

Si maintenant nous portons spécialement notre enquête sur

notre Bourgogne (Côte-d'Or et Saône-et-Loire), nous arrivons à des chiffres aussi peu rassurants, toutefois avec une certaine différence en faveur de Saône-et-Loire.

Ce dernier département présente jusqu'en 1851 une augmentation assez régulière. De 1851 à 1881 la progression est bien moindre. De 498,000 en 1821, la population s'était élevée en 30 ans à 574,000, soit 15 % de plus. Dans les 30 années qui ont suivi, la population ne s'est élevée qu'à 625,000, soit en plus, 8,8 %.

La Côte-d'Or présente, de 1821 à 1851, une augmentation de 11,2 %. Mais à partir de 1851, sans émigration marquée, sans mortalité exceptionnelle, sans que la fertilité et la richesse de notre sol ait diminué, le département *se dépeuple*. La population qui, de 358,000 âmes en 1821, s'était élevée à près de 400,000 en 1851, est descendue, en 1881, à 383,000. C'est un déficit de 17,000 âmes, soit 4,25 %.

En 1861, dans Saône-et-Loire, 1/3 seulement des ménages comptait trois enfants ; dans la Côte-d'Or, 1/5° seulement. Donc, dans le 1er département, *les deux tiers* des ménages, dans le 2°, *les quatre cinquièmes*, devaient disparaître sans laisser assez d'existences pour les remplacer. Depuis, les statistiques sont encore moins rassurantes. La stérilité des mariages est nettement établie. Un simple regard jeté par chacun autour de soi suffirait au besoin à attester la réalité comme aussi la gravité du mal.

Mal social, et de plus, mal moral. Car, si on peut en trouver d'autres causes secondaires, tous les observateurs affirment, avec un serrement de cœur, mais aussi avec une conviction bien arrêtée, que la source du mal est avant tout dans les âmes : la limitation du nombre des enfants à un, à deux, à trois au plus — c'est-à-dire en somme, la stérilité relative — est chose *voulue*.

C'est le point principal et le seul que nous retenions ici.

Il est certes difficile de démêler exactement les mobiles qui déterminent la volonté humaine. Nous ne croyons cependant pas la tâche impossible. Nous y reviendrons un peu plus loin, en recherchant ici où en est la *stabilité* des familles.

Sur ce point aussi les plaintes sont unanimes. A ce point de vue encore, la famille manque à sa mission providentielle, tous les liens se relâchent : le premier de tous, l'autorité paternelle, disparaît. Les enfants se divisent dès qu'une question d'intérêt surgit entre eux. Ils s'empressent de quitter la profession et le pays de leurs parents, sauf à végéter ailleurs, surtout à encombrer le pavé des grandes villes. Jeunes gens et adolescents, enfants même, se rient de ce que respectent les parents, et par une abdication volontaire, surtout au foyer qui a abrité deux enfants seuls ou un enfant unique, on voit les parents courber la tête devant les exigences de ceux-ci, quand ils ne se saignent pas aux quatre veines, suivant l'énergique expression populaire, pour les satisfaire. La famille n'est plus ce qu'elle doit être : le milieu où l'autorité paternelle forme et discipline, en vue de l'avenir, les jeunes générations. C'est le fief dont l'enfant est maître et seigneur. La fièvre des nouveautés a chassé la fidélité au foyer et aux mœurs des ancêtres. Le petit-fils sait à peine où et de quelle vie a vécu son aïeul, le père de son père.

Et cela a de graves conséquences au point de vue social comme au point de vue économique : chaque fois que disparaît le chef de la famille, tout ce qui faisait sa situation dans la société, la maison qui était le centre de la vie de famille, le domaine, l'industrie, le commerce qui en était le soutien matériel, tout cela passe au laminoir d'une liquidation. Partages, licitations, intervention des tribunaux et des hommes de loi, en dehors de tout litige véritable, tout est mis en œuvre. Les gros patrimoines en sortent amoindris, émiettés, ou passent à des étrangers. Les petits patrimoines, péniblement constitués à force de travail et d'épargne, n'y résistent pas, ils sont anéantis.

Comment nos familles de paysans propriétaires arriveraient-elles à subsister? Comment notre commerce et notre industrie pourraient-ils lutter contre la concurrence de maisons étrangères dans lesquelles tous les moyens d'action passent intacts des pères aux enfants?

A cela, deux exceptions seulement : — Les sociétés par actions, dont le développement excessif a été souvent signalé comme un danger; — les familles à postérité strictement limitée, comme si, chez nous, la famille était fatalement condamnée à manquer à l'une ou à l'autre de ses fonctions essentielles, sinon à toutes deux.

La stabilité, comme la fécondité de la famille, se rattache à l'action de la liberté humaine. Cette action apparaît même, de prime abord, d'une manière plus nette, plus complète. Mais dans les deux cas apparaît une défaillance, une déviation de la volonté.

Pourquoi cette défaillance, pourquoi cette déviation?

Une première affirmation s'impose tout d'abord. Aujourd'hui, un des traits caractéristiques de la civilisation moderne est la place donnée au *bien-être* dans les préoccupations de tous. Le travail n'est plus l'accomplissement d'une loi sociale émanée de Dieu. C'est un moyen d'arriver au bien-être. On veut jouir de la vie, et le plus tôt possible. Mais notre vie est devenue si compliquée, nos jouissances si raffinées, nos plaisirs si coûteux, le luxe inutile si répandu et si nécessaire! Comment concilier tout cela avec la charge d'une nombreuse postérité et l'apprentissage pour celle-ci de la tâche héréditaire?

Ne l'oublions pas, d'ailleurs : il faut avant tout que l'enfant soit heureux, et le bonheur consiste dans le bien-être. Il en coûterait trop, aux parents comme aux enfants, pour faire de ceux-ci des hommes au cœur vaillant, capables de se dévouer pour la France, des chrétiens à la foi généreuse, capables de se sacrifier pour la cause du Christ. Non, tout dans leur éducation, dans leur entourage, dans l'affection même qu'on leur témoigne, leur montre comme but le bien-être, comme moyen, l'argent. Quoi d'étonnant à ce qu'on préfère la famille riche à la famille nombreuse, le capital fixe au capital vivant, la jouissance de l'individu, moderne épicurien, à l'avenir d'une race chrétienne?

Mais, dira-t-on, nous touchons ici au domaine de la conscience. Il y a à provoquer une réforme, mais une réforme des mœurs pour laquelle la loi est impuissante. — En est-on bien sûr?

Qu'on cherche sur la carte de France, les provinces où les mœurs sont restées bonnes. On y trouvera en même temps des croyances religieuses encore conservées, un esprit chrétien qui écarte le luxe et la mollesse. Ainsi surtout la Bretagne, la Savoie, le pays basque.

Ces croyances, la loi ne les crée pas, pas plus qu'elle ne crée les mœurs, cela est vrai. Mais elle peut sauvegarder ce qui les développe et les fortifie : elle peut surtout beaucoup pour les ruiner. La loi est l'expression pratique d'une idée au service de laquelle concourent toutes les forces de la puissance publique et toute l'influence d'une formule présentée aux esprits comme la raison écrite. En France plus que partout ailleurs, les idées passent dans les lois et par là viennent régir les mœurs. C'est ainsi que des déductions logiques ont tiré du principe de sécularisation de la société civile, successivement le mariage civil, le divorce, puis les laïcisations de l'enseignement, de l'assistance, des sépultures. Qui oserait prétendre que toutes ces lois sont sans influence sur la profondeur et la vivacité des sentiments religieux?

Donc une première conclusion s'impose, celle à laquelle on arrive toujours quand on va au fond des choses humaines. *Il faut réformer nos lois dans le sens chrétien.* Il faut que nos lois donnent et garantissent à l'Église et aux familles la liberté de faire des chrétiens pratiques.

Une seconde réforme s'impose également : c'est *la dimi-*

nution des charges. Les besoins artificiels de la vanité et du bien-être, l'exemple contagieux de dépenses sans profit pour l'avenir, prennent une grosse part des ressources des familles. Le remède serait dans la simplicité courageuse des mœurs et des relations sociales. Les mêmes provinces citées plus haut peuvent servir d'exemple.

Mais le rôle des pouvoirs publics reste considérable. Qu'ils écartent de nos budgets les services parasites, les accroissements de dépenses stériles. Qu'ils se préoccupent surtout des principes mêmes de l'assiette des impôts. Ils constateront que nos lois fiscales semblent destinées à entraver ou au moins à faire expier aux familles leur fécondité et leur stabilité. Ainsi :

1° La répartition des impôts directs a pour base la population. Plus il y a d'enfants, plus il y a de bouches inutiles à la charge des familles, plus aussi les parents devront payer l'impôts.

2° L'habitant des villes, moins stable que le paysan, jouit de dégrèvements, d'exemptions d'impôts, de subventions de toutes sortes. Les valeurs mobilières paient 3 %, les propriétés urbaines 7 % du revenu *réel*. Le paysan paie 12 % du revenu *présumé* de la terre.

3° L'impôt mobilier, les impôts de consommation, l'octroi frappent plus lourdement, non en raison des revenus de chaque famille, mais en raison des charges mêmes auxquelles le nombre de ses membres oblige pour l'habitation et les objets de consommation.

4° Enfin, la conservation des biens dans les familles est soumise à une série de droits fiscaux et de formalités qui frappent les partages, les soultes et tous les arrangements entre cohéritiers. Pour les petits patrimoines, les frais absorbent tout, et au delà.

Une troisième réforme soulève des questions plus délicates, *celle des mœurs et des lois en matière de succession.* Nous n'hésitons pas à la déclarer nécessaire, malgré les idées enracinées dans les esprits sur le partage obligatoire des biens entre les enfants.

Ces idées sont anciennes, car la coutume de Bourgogne, entre 1459 et 1570, avait posé en principe, d'une part, la faculté de disposer des deux tiers au profit d'un étranger, d'autre part l'interdiction absolue d'avantager de quoi que ce soit l'un des enfants. C'était devancer de trois siècles l'une des lois les plus rigoureusement égalitaires de la Révolution. Mais la coutume ancienne était contraire, et une vive réaction se produisit contre cette innovation. Les réclamations successives des trois ordres obtinrent un article supplémentaire de la coutume annulant en fait cette prohibition. Notre histoire provinciale, comme les coutumes et les traditions encore vivantes dans d'autres provinces, indique donc une réforme dont nous sommes restés trop longtemps sans soupçonner la possibilité et l'urgence, grâce à nos habitudes invétérées de partage égal, à nos préjugés et à l'ignorance où nous restons des coutumes suivies en d'autres lieux et en d'autres temps.

Quand, en effet, on a considéré ce qui se passait autrefois dans notre pays, ce qui se pratique dans tous les pays civilisés, à l'exception de la seule France du XIXe siècle, pour peu qu'on y réfléchisse sans parti pris, en tenant compte uniquement des faits observés, on arrive aux conclusions suivantes :

La famille a deux bases, l'une morale — *l'autorité paternelle*, — l'autre matérielle — *le patrimoine*.

La première permet seule au père de former les enfants pour en faire des hommes unis entre eux, sachant s'aimer et s'entr'aider.

La seconde assure le pain quotidien et donne la sécurité du lendemain.

Sans autorité paternelle, pas d'éducation, pas d'union. Vous ne trouverez plus que des individus isolés dans la vie, uniquement préoccupés de la lutte pour l'existence. Sans patrimoine, pas de réserve pour l'avenir, c'est la lutte dans toute son acuité, avec la brutalité de la faim. C'est la sauvagerie, fût-ce au sein d'une civilisation raffinée.

Or, chez nous, l'autorité paternelle n'a pas de sanction dans les lois. Le patrimoine, pas de garantie de durée.

Nous ne parlerons pas du droit de faire enfermer un enfant dans une maison de correction, droit applicable seulement à des circonstances exceptionnelles.

Nous nous refusons d'ailleurs à regarder comme une sanction le *veto* suspensif du père en matière de mariage. Il sert simplement de point de départ à une lutte dans laquelle l'enfant a pour lui le droit naturel, le droit ecclésiastique et l'assurance finale du succès.

Le droit de disposer de la quotité disponible de l'article 915 est également insuffisant. En face d'un enfant unique, le père et la mère sont désarmés : ingrat ou révolté, celui-là n'en est pas moins seul à pouvoir perpétuer la famille, ou au moins le nom. Si les enfants sont nombreux, de quel poids sera cette faible quotité disponible du quart, si facile à dépasser par le père qui voudra la déterminer en nature ? Le père devra-t-il, pour être assuré de voir sa volonté réalisée, confier aux tribunaux et aux hommes de loi la détermination de cette part ? On aboutira encore fatalement à des procès. Restent les familles de deux enfants seulement. La loi n'a-t-elle été destinée qu'à favoriser celles-là ?

Les parents français ne peuvent même pas répartir leurs biens entre les enfants suivant les convenances réelles de ceux-ci. Il s'exposera d'abord à dépasser ce quart si difficile à apprécier exactement à une époque où les terres sont si dépréciées, les vignes en proie au phylloxera, les valeurs mobilières soumises à des fluctuations énormes. Il se heurterait ensuite à la jurisprudence. On lui interdit de donner, par exemple, les terres à l'enfant resté au pays, la propriété urbaine à celui qui habite la ville, les valeurs mobilières à celui qui est au loin. Chaque enfant peut, en face du testament de son père, exiger sa part en nature de chacune des espèces de biens composant la succession.

Si le père excède une de ces limites, fût-ce d'une quantité infinitésimale, tout le testament tombe. Tout le partage, testamentaire ou non, est anéanti. Les tribunaux prononcent l'annulation et font procéder par les hommes de loi au partage égal, et ce recours aux tribunaux est ouvert si largement, si longtemps, que tout jurisconsulte considère le partage d'ascendants comme un piège dangereux, comme « un nid à procès, » et détournera toujours ses clients de s'y engager.

Dans tout cela, que reste-t-il de l'autorité du chef de famille ?

De même, que devient le patrimoine, quand il a pu résister aux frais de justice, aux droits de soulte, de mutation ?

Une grande fortune peut, en général, se diviser. Mais la maison payée par l'ouvrier à l'aide d'annuités, le meix acheté par le manœuvre à force d'économies, le petit domaine constitué pièce à pièce pour arriver à faire vivre et à occuper les membres de la famille, ce foyer formé par le travail d'une génération, que deviendra-t-il ? De minutieuses observations, des calculs répétés ont établi qu'en trente ans, durée moyenne du passage d'une génération, le possesseur d'un domaine peut, à la rigueur, arriver à épargner sur le produit de son travail la moitié de la valeur de ce domaine. Si, pour arriver à le conserver intact, on lui impose la constitution d'un capital équivalent aux trois quarts de cette valeur, ce propriétaire mourra à la peine sans pouvoir échapper à la ruine, ou bien il renoncera à une tâche impossible, et l'œuvre d'une génération sera perdue pour la famille. Le bien passera à des étrangers, peut-être à l'un des enfants qui aura fait fortune loin du village où d'autres sont restés auprès des parents. Au lieu de perpétuer une famille de propriétaires, au moins en la personne d'un enfant, on aura tout au plus abouti à pourvoir chacun d'un pécule facile à dissiper, permettant peut-être à l'un des héritiers de cultiver comme fermier l'ancien domaine de la famille.

La même liquidation complète atteint le meix du paysan et la maison de l'ouvrier. L'établissement commercial et industriel, petit ou grand, n'y échappe pas davantage. Les longs espoirs, les améliorations à longue échéance, si nécessaires en pareille matière, sont interdits à nos familles d'industriels, de commerçants et de cultivateurs, au grand détriment de notre production nationale et de notre vie économique.

Ajoutez à cela les dispositions écrites dans nos Codes pour la protection théorique des droits des mineurs, l'article 815, qui ne permet pas même à des majeurs de stipuler l'indivision pour plus de cinq ans, et vous voyez la liquidation fatalement imposée, même à des héritiers bien intentionnés.

Ajoutez-y encore la situation fausse imposée à l'époux survivant, à la femme surtout. La base matérielle de la famille a disparu avec le partage du patrimoine. La base morale, l'autorité, est diminuée pour le père, presque annulée pour la mère, réduite souvent à demander humblement une maigre pension alimentaire. La loi, en effet, qui reconnaît le *consortium omnis vitæ* des époux, ne reconnaît plus à l'époux survivant aucun droit. L'omission des lois est souvent réparée par les mœurs. La femme a souvent, par testament, un usufruit, révocable en cas de second mariage. Il y aurait avantage à ce que la coutume fût traduite en loi.

Il ne nous appartient pas de formuler ici nos conclusions en forme d'article de loi. Il y aurait à cet égard à mettre en harmonie de nombreux textes de nos codes, et cette tâche demanderait à elle seule un travail spécial. Il nous suffira de poser ici les principes dont nous réclamons l'application : revision de nos Codes dans le sens : 1° de la liberté testamentaire, sans vouloir faire cependant du père de famille le maître absolu du droit romain primitif; 2° de la transmission intégrale des petits patrimoines.

Nous nous contenterons d'ajouter que cette revision est demandée aujourd'hui par de nombreux jurisconsultes dont l'opinion fait autorité. Ils se prononcent en faveur de l'extension de la quotité disponible à la moitié dans tous les cas. C'est la limite à laquelle Frédéric Le Play faisait commencer le régime de la liberté testamentaire.

D'autre part, des sociétés d'agriculture ont adressé au Parlement des pétitions tendant à obtenir des mesures protégeant contre le démembrement les petits domaines.

Ces réformes sont graves et demandent un examen sérieux. Mais nous n'en croyons que plus nécessaire de les faire passer dans nos Codes. Elles seront inutiles, dira-t-on, les mœurs ne seraient pas à l'unisson. Nous répondrons : La législation actuelle a fait ses preuves ; elle a contribué au mal, elle a détruit les anciennes coutumes et les empêche de renaître. Elle est donc condamnée. Nous ne prétendons pas obtenir une panacée législative. Mais il ne nous reste qu'un remède, la liberté. Continuer à la proscrire serait presque un suicide.

Note. — L'Assemblée provinciale de Bourgogne venait de clore ses séances, lorsque s'ouvrit à Paris le Congrès de l'Ecole de la Paix sociale. Nous eûmes la satisfaction d'y entendre M. Glasson, membre de l'Institut, professeur à la Faculté de droit de Paris, traiter la question de l'autorité paternelle et du droit de tester. Admettant jusqu'alors la réserve de la moitié, il a exposé, en le déclarant préférable, le système du nouveau Code civil espagnol. Il consiste à faire trois parts égales du patrimoine : le premier tiers constitue la réserve et se partage également entre les enfants. — Le deuxième tiers peut être réparti à son gré, par le père, entre les enfants, avec toute liberté dans l'attribution. — Le troisième tiers constitue la quotité disponible dont le père peut disposer en faveur de qui il voudra, étranger ou non. (Voir la *Réforme sociale* du 16 août 1889.)

C

MŒURS. — RÉPRESSION DE L'IMMORALITÉ.

———·✳·———

RAPPORT DE M. METMAN

Tout encouragement à l'immoralité est une atteinte portée à l'esprit de famille ; or la prohibition de l'article 340 du Code civil semble contribuer à la démoralisation de la France.

D'après cet article, la loi française moderne, réagissant contre les pratiques de notre ancien droit, n'admet, en matière de filiation naturelle, d'autre preuve que l'aveu dans un acte authentique, la reconnaissance, en un mot.

Les dangers et l'incertitude de la recherche de la paternité sont les motifs mis en avant pour justifier l'article 340 du Code civil. Si cette incertitude, ces dangers commandent une grande prudence au législateur et au juge, ils ne conduisent pas nécessairement à une solution qui a trop souvent pour conséquence de provoquer des scandales évidemment plus graves que ceux que l'on prétend éviter.

Actuellement, dès qu'elle a atteint l'âge de treize ans, la jeune fille n'est plus légalement protégée que contre l'immoralité violente; elle reste sans défense légale contre la séduction simple. A la condition d'éviter l'emploi de la force, l'immoralité peut tout oser, et la jeune fille qui succombe à ses entreprises, non-seulement reste exposée aux jugements implacables d'une opinion publique d'autant plus sévère que les mœurs sont plus relâchées, mais, si une grossesse survient, le séducteur l'abandonne, lui laissant toutes les hontes et toutes les charges d'une faute qui est cependant une faute commune.

Le délaissement de l'enfant, sa mort accidentelle ou volontaire, telles sont les conséquences constatées de tous côtés.

Certaines doléances indiquent comme un véritable encouragement au vice cette immunité accordée au séducteur, qui continue à multiplier le nombre de ses victimes, tout en devenant lui-même de plus en plus impropre à rentrer dans le cadre de la famille régulière.

Et cependant, très souvent, dans le milieu relativement honnête où la séduction produit ses ravages, tout le monde connaît le père de l'enfant que l'article 340 expose à la mort.

Sans doute la femme doit elle-même défendre sa pudeur; si, en dehors du mariage, elle s'expose à devenir mère, elle est coupable, et la différence qui existe entre l'enfant légitime et le bâtard est une juste conséquence de cette faute. Il ne saurait donc être question de permettre à l'enfant naturel de pénétrer de force dans la famille de son père pour lui réclamer son nom et une part de l'héritage. La reconnaissance seule doit lui assurer ces faveurs, car le père d'un enfant naturel n'est tenu qu'à contribuer à lui assurer, avec la mère, la nourriture et l'éducation jusqu'au jour où, devenu adulte, il peut subvenir à ses besoins.

« Qui fait l'enfant doit le nourrir, » disait notre ancien droit; toutes les fois qu'elle le peut sans manquer aux règles de

la prudence, la loi devrait sanctionner cette obligation. Elle
donnerait ainsi satisfaction à la justice et opposerait une bar-
rière à la dépravation, au lieu de contribuer à la répandre en
l'encourageant indirectement par une impunité que la prudence
ne suffit pas à justifier.

Dans un État bien ordonné, la famille doit être protégée
contre certaines atteintes du vice. Le père et la mère de famille
doivent pouvoir traverser avec leurs enfants les rues de la cité
sans que leur pudeur soit blessée par les spectacles qui tom-
bent sous leurs yeux ou par les paroles qui frappent leurs
oreilles.

Il importe que les parents puissent, à l'aide de précautions
usuelles et pratiques, éviter que, soit au dehors, soit dans leur
demeure, l'enfant n'apprenne ce qu'il doit ignorer, ou ne voie
détruire par un scandale l'enseignement moral de la famille.

Or, aujourd'hui, la licence accordée aux productions
obscènes, immorales et impies est telle qu'il est matériellement
impossible à la plupart des parents de préserver l'âme de leurs
enfants de l'impression désastreuse du vice.

Sans parler du théâtre, que l'on peut plus facilement éviter,
le livre, le journal, l'affiche sont des causes de dépravation incessante.

En pareille matière, toute répression sérieuse se heurte à la
liberté de la presse, et cependant la liberté n'a rien à voir dans
les obscénités et les immoralités dénoncées ici. La liberté de la
presse deviendrait une tyrannie et un crime, si elle supprimait
la liberté de rester honnête et d'élever des générations chastes.

Aussi, malgré les prétentions des publicistes, malgré les im-
munités de la presse, pensons-nous que les attaques contre la

morale et la religion doivent être d'autant plus sévèrement réprimées qu'elles se produisent par un mode qui atteint le public comme malgré lui. Ainsi l'affiche doit être plus étroitement surveillée que le journal, le journal plus sévèrement traité que le livre.

Cette protection des honnêtes gens contre le débordement du vice pourrait être assurée par des mesures, les unes préventives, les autres répressives, en tenant compte des difficultés d'appréciation et des exigences de la publicité.

DEUXIÈME COMMISSION

I. — POUVOIRS PUBLICS

RAPPORT DE M. CHABEUF

Que ce soit pour s'en applaudir ou pour le regretter, il est
incontestable que la Révolution a eu pour résultat de grandir
démesurément le pouvoir central et de rapetisser l'individu.

Aussi l'individu est-il resté isolé et faible là où on l'a
mis, et le Français devenant de plus en plus étranger aux intérêts généraux, s'est réfugié depuis longtemps dans l'égoïsme
de l'intérêt privé le plus immédiat et le plus actuel ; le spec-
tacle des agitations politiques et des révolutions succédant aux
révolutions lui a donné, en effet, une sorte d'indifférence
lassée : l'idée de perpétuité lui échappe, et il ne connaît plus les
longs efforts qui préparent le mieux des générations à naître au
prix du moindre bien, sinon même de la souffrance de la géné-

ration présente. En émiettant, en pulvérisant la matière humaine par la suppression de tous les groupes intermédiaires entre l'État et l'homme, en jetant celui-ci au pied de ces abstractions écrasantes qui s'appellent le gouvernement et l'administration, la Révolution a diminué d'abord, atrophié ensuite la notion des intérêts permanents et généraux.

La conséquence n'a pas tardé à se produire dans l'ordre politique ; la France est depuis 75 ans un gouvernement représentatif qui, à part deux courtes périodes, s'est toujours exercé par deux chambres ; mais aucune constitution ne pourra faire que la primauté n'appartienne toujours en fait à la chambre élue ou à celle qui sera élue dans les conditions de suffrage les plus élargies ; or, comme l'électeur cherche naturellement son semblable, et que par réciprocité l'élu prend le niveau de l'électeur, le Parlement n'a représenté trop souvent que les intérêts les plus particuliers et les plus concrets.

Le premier problème à résoudre est donc de créer dans le pays une opinion publique réfléchie et énergique, capable de s'élever jusqu'à la notion des intérêts nationaux. On y parviendrait assurément en donnant à la nation une éducation morale et forte ; mais ce ne peut être qu'un instrument, et l'intelligence théorique des intérêts supérieurs d'une nation serait insuffisante en soi si elle s'exerçait seulement aux jours d'élection. Le groupement des intérêts collectifs sera cette école permanente, et il ne s'agit pas seulement ici de créer des académies de gymnastique politique, mais de donner aux citoyens avec le droit, l'habitude, le goût de faire leurs affaires eux-mêmes. On renforcera donc les unités collectives existantes pour en faire les contre-poids de l'unité gouvernementale ; or ces groupes, c'est-à-dire le département et la commune, sont les cadres nécessaires, les groupes officiels dans lesquels rentrent et s'ordonnent toutes les unités individuelles, mais il en pourrait exister d'autres, spontanés et libres, syndicats, associations pro-

fessionnelles, auxquels la législation et la pratique gouvernementale devront être aussi nettement favorables qu'ouvertement
ou sourdement elles le sont peu aujourd'hui ; en fait, l'organisation de ces groupes, la collectivité des intérêts qu'ils représentent leur assureront une prépondérance et une autorité
qui pèseront d'un poids souvent déterminant dans la balance
électorale.

Ainsi se constitueront en France des centres, des écoles où
l'individu apprendra à connaître, à discuter, à faire siens des
intérêts communs : de là à s'élever jusqu'à la conception de
cet intérêt abstrait et supérieur qui est l'intérêt national tout
court, il n'y a qu'un degré et il sera facilement franchi.

Ces groupes existaient avant la Révolution, mais fondés sur
le privilège plutôt que sur la liberté ; aussi la grande réaction
égalitaire les a-t-elles emportés.

Certes la division départementale peut être critiquée, et sa
grande faiblesse originaire a été d'être trop artificielle, mais elle
n'en a pas moins un mérite, elle existe depuis un siècle, or une
institution qui n'est pas entachée d'un vice radical, cela va
sans dire, — ne dure pas sans créer des intérêts spéciaux et
déterminés, sans s'adapter aux mœurs, aux habitudes, aux
besoins et sans que ceux-ci s'adaptent à elle ; mais si on peut
conserver l'organisation départementale, il faut du moins la ren-
forcer, et charger les pouvoirs qui la représentent de beaucoup
d'obligations dont ils s'acquitteront mieux, avec plus de compétence, de célérité et d'économie que le gouvernement central. Ce
sera la forte organisation des provinces d'autrefois dans le cadre
actuel.

Quant à l'arrondissement, il n'est qu'une expression de
géographie administrative, on peut le faire disparaître avec son
sous-préfet et son conseil électif, sans que personne s'en
aperçoive ; peut-être, pour créer une unité intermédiaire entre
le département et la commune, pourrait-on donner au canton

la vie administrative qui lui manque en créant des conseils cantonaux ; mais en ce cas les circonscriptions cantonales devraient être soigneusement revisées.

Quant à la commune, il est manifeste que le mode de représentation municipale actuel la soumet comme la France entière à la seule loi du nombre, or les intérêts communaux ne peuvent sans danger être livrés à la seule volonté, au caprice d'électeurs qui sont souvent les citoyens d'un jour de la commune dont ils deviennent les maîtres. Il faut donc que l'intérêt permanent soit représenté, et la législation antérieure avait heureusement résolu le problème, en adjoignant au conseil élu les plus fort imposés de la commune, dans toutes les délibérations qui engagent les finances municipales. Cette loi de garantie a été abrogée et on n'en a pas donné d'autre raison que de la déclarer antidémocratique ; tant pis pour la démocratie, mais nous n'admettrons jamais qu'elle soit la source de tout droit et qu'elle ne relève que d'elle-même.

On a fait remarquer qu'une notable portion de la jeunesse masculine étant sous les drapeaux jusqu'à 25 ans, se trouvait par cela même privée du droit électoral, que conservaient d'autres citoyens de même âge demeurés pour des causes diverses dans la vie civile ; il a paru à beaucoup qu'il y avait là une inégalité et que la capacité électorale devait être reportée pour tous les Français à 25 ans.

L'omnipotence d'une assemblée est plus à craindre aujourd'hui que celle d'un homme : l'opinion publique est trop souvent un de ces courants désordonnés qui ont leur source unique dans un accès de nerfs de la nation, elle devrait être au contraire une action permanente, une harmonie constante entre la nation et le corps émané d'elle. Toutefois, il le faut bien reconnaître, le meilleur des freins est dans la raison et la modération de l'assemblée elle-même. Assurément aucune assemblée n'a jamais été plus souveraine que le Parlement d'Angleterre, mais

il a son modérateur en soi dans le tempérament politique, religieux et monarchique du peuple britannique. Aussi le Parlement anglais a-t-il été préservé, jusqu'à présent du moins, de ces
entraînements de la toute-puissance et de l'orgueil qui font que
par le contact des passions semblables ou contraires, une assemblée composée d'hommes individuellement raisonnables arrive
tout d'un coup au paroxysme de la passion et de la violence.
Telle foule, en effet, telle réunion d'hommes, et c'est aujourd'hui
un lieu commun psychologique, commettra des injustices et
même des crimes, dont chacun pris isolément serait incapable.

L'idée ne viendrait sans doute jamais au Parlement d'Angleterre de suspendre par le refus de subsides la vie sociale de la
nation ; la Constituante de 1789 elle-même, bien qu'elle eût
engagé à fond la lutte avec la monarchie non limitée de l'ancien
régime, ne l'a pas voulu ; mais on a vu se produire de nos jours,
sinon le fait, du moins la menace du refus du budget ; c'est
déjà trop. Les services publics nécessaires ne peuvent pas plus
être suspendus que la vie dans le corps humain, le droit absolu
de la nation, et aucun autre ne le prime, est d'être gouvernée
d'une manière permanente, et le devoir rigoureux de ceux qui
ont accepté la charge de disposer d'elle par les lois est d'assurer
sans interruption le fonctionnement du gouvernement. Les
obligations de l'Etat au point de vue de la dette publique, de la
défense nationale et de la paix intérieure, ne dépendent pas de
la volonté d'une assemblée ; qu'elle la manifeste en refusant
certains crédits supplémentaires et adventices, comme les fonds
secrets, soit, mais les engagements de l'Etat ne sont pas créés
annuellement par la loi de finances. Sans doute c'est prévoir
à peu près l'impossible, ou du moins l'invraisemblable, mais
les lois ont précisément pour but de le prévoir ; en conséquence,
il est nécessaire qu'en cas de refus des subsides, le dernier budget
voté ait force de loi pour l'année suivante dans toutes ses
parties essentielles.

Il ne peut non plus appartenir à une assemblée de remettre annuellement en question, sous prétexte d'amendements à la loi de finances, ce qui a été établi par une loi spéciale, fonctionnant régulièrement depuis de longues années : des institutions anciennes respectées et utiles, ne peuvent être supprimées par un vote d'occasion, et la commission du budget ne saurait devenir un comité souverain : une institution créée par une loi spéciale ne pourra être supprimée que par une loi spéciale et non par le simple refus du crédit.

Aux Etats-Unis, l'omnipotence du Congrès est limitée par l'institution de la Cour suprême qui est aussi bien composée que le sont mal les tribunaux des Etats. Le fonctionnement de la Cour suprême n'a rien laissé à désirer jusqu'à présent, parce qu'il est un recours tout exceptionnel, elle deviendrait le pouvoir supérieur si elle agissait d'une manière permanente et cesserait alors d'être le palladium de la liberté et de l'esprit de conservation aux Etats-Unis. Il faut en effet qu'une démocratie, et nous devons accepter franchement les conditions des sociétés modernes, sente que le pouvoir de tout faire ne donne pas le droit de tout faire, que les grandes lignes de la constitution et de l'administration ne doivent ni fléchir ni changer au gré des caprices du moment et des passions de parti, qu'en politique ce *qui est* a déjà par cela même un droit à être.

On s'est souvent plaint dans le monde juridique de l'infériorité de rédaction des lois édictées en France depuis cinquante ans ; une des causes les plus manifestes est que les textes sont sans cesse remaniés au cours de la discussion et qu'on y incorpore des amendements trop hâtivement votés au risque de déranger l'équilibre général de la loi. Quand il s'agit de propositions émanant de l'initiative parlementaire, les inconvénients sont du même ordre ; il serait donc utile que toute loi, quelle qu'en fût l'origine, passât par le Conseil d'Etat ; le danger serait alors de faire de celui-ci le pouvoir suprême et

régulateur de l'Etat ; une bonne composition et un bon mode
de recrutement pourraient, tout en maintenant au corps chargé
de la rédaction définitive des textes législatifs, l'autorité et
l'indépendance nécessaires, le préserver de ses propres entraînements.

Toute loi intéressant un groupe nécessaire ou spontané
devrait en outre être l'objet d'une enquête préalable et obligatoire, auprès de celui-ci.

Peut-être se montre-t-on disposé en France à exagérer le
système des incompatibilités ; la médiocrité de composition des
assemblées qui en résulte est un avertissement dont il faut tenir
compte ; on a obtenu ainsi des assemblées composées uniquement
de propriétaires, d'avocats, de médecins et de négociants ;
beaucoup estiment qu'il conviendrait d'ouvrir plus largement
l'entrée du Parlement aux hommes spéciaux. Il semble que
parler à une assemblée politique ne devrait pas être le privilège
de ceux qui ne savent que parler, une chambre n'est pas un
théâtre dressé pour les virtuoses de la parole ; dans le premier, la
plus ancienne, la plus libre des assemblées politiques des temps
modernes, le Parlement britannique, il n'y a pas de tribune,
chacun parle de sa place et la véritable éloquence n'y perd rien.

L'honneur de représenter son pays a suffi longtemps aux
membres du Parlement français, et la politique n'est devenue
une carrière que depuis quarante ans ; on peut admettre qu'il
y a là une des principales causes de l'infériorité toujours croissante de nos chambres françaises et proposer résolument d'en
revenir au système qui nous a donné les chambres de la Restauration et du gouvernement de juillet.

L'instabilité ministérielle est un fait plutôt qu'un principe,
mais il y a à tenir compte grandement d'un fait passé à l'état
d'usage si constant qu'il semble être inséparable du régime
représentatif lui-même ; la formation d'une opinion publique
énergique et réfléchie, la modération et l'esprit d'équité au sein

du Parlement sont évidemment les vrais remèdes ; mais ce sont des remèdes lents, et il est des périls qui ne permettent pas d'en attendre les effets. Le vœu à peu près unanime du pays paraît être que les ministres de défense nationale, c'est-à-dire ceux de la guerre et de la marine, soient soustraits à ces fluctuations de la politique représentative ; on ne doit pas se dissimuler cependant qu'un pareil privilège donné aux chefs effectifs des forces de terre et de mer n'est pas sans danger ; l'exemple de l'Angleterre, où l'armée permanente n'est rien comparée à la masse de la nation civile, ne saurait être un argument décisif ; mais il y a un intérêt actuel de salut public à maintenir inflexibles et invariables les grandes lignes de l'organisation militaire du pays, et jusqu'à ce que la stabilité gouvernementale soit assurée par les lois ou les mœurs politiques, le vœu énergique du pays semble être en faveur de la présente proposition.

Quelques-uns demandent également que le ministre des affaires étrangères soit soustrait aux fluctuations parlementaires ; il deviendrait ainsi une sorte de chancelier comme il en existe dans des états qui à la vérité, comme la Russie, l'Autriche-Hongrie et l'Allemagne, ne sont pas soumis au régime parlementaire pur. Mais on fait remarquer que l'instabilité actuelle est un péril national du même ordre que le péril militaire et que la politique d'un pays ne saurait avoir ni autorité ni suite quand le titulaire des relations extérieures peut changer sur un vote de surprise.

II. — JUSTICE

RAPPORT DE M. JULHIET

I.

Sous l'ancien régime, les parlements trouvaient dans leur constitution cette base essentielle de toute bonne organisation judiciaire, « l'indépendance du juge. » Elle leur permit aussi de travailler utilement à l'unité nationale par l'unité de la jurisprudence, et on a pu dire avec raison que s'ils s'étaient renfermés dans l'accomplissement de leurs fonctions judiciaires, ils n'auraient laissé dans la mémoire des peuples que la reconnaissance pour les services rendus et le souvenir des grands caractères qui ont jeté tant d'éclat sur les pages de leur histoire.

Il n'en fut malheureusement pas ainsi. Non-seulement ils s'efforcèrent d'étendre leur compétence dans le domaine du pouvoir législatif par les arrêts de règlement, et dans celui du pouvoir spirituel par les recours comme d'abus, mais on les vit encore, usurpant les attributions des états généraux, prétendre à jouer un rôle politique, s'immiscer dans l'administration du pays, et tenir en échec la puissance royale.

De tels empiétements constituaient de graves abus ; ils rendaient une réforme nécessaire : le chancelier Meaupou la tenta sans succès, et les conflits qu'elle avait provoqués continuaient encore quand les parlements eux-mêmes disparurent dans l'effondrement social que les luttes et les intrigues des derniers parlementaires avaient peut-être contribué à préparer.

Voyons maintenant comment, pendant les cent années écoulées depuis lors, a été reconstitué un ordre judiciaire nouveau dans la France nouvelle.

II.

Nous devons tout d'abord rendre hommage à l'œuvre du Consulat et de l'Empire, qui, s'inspirant sagement des enseignements du passé et des idées de ses juriconsultes les plus éminents, organisèrent la hiérarchie des juridictions qui fonctionnent encore aujourd'hui, organisation uniforme, simple, bien coordonnée, renfermant les magistrats dans leurs attributions strictement judiciaires, et qui, complétée par quelques améliorations de détail, peut largement répondre aux exigences d'une bonne administration de la justice. Mais si cette partie, qui forme comme le cadre de nos institutions judiciaires, doit être hautement approuvée, en est-il de même des règles applicables au personnel ?

Dans une société démocratique comme la nôtre, soumise à un régime de centralisation excessive et privée en même temps des institutions qui permettraient aux citoyens de se grouper pour faire valoir leurs droits, au moins faudrait-il que l'individu isolé qui a à lutter contre la puissance publique ou contre un adversaire influent trouvât dans l'indépendance et le caractère du magistrat les plus solides garanties.

Il semble que nous tendions de plus en plus vers un but absolument contraire.

L'entrée dans la carrière et l'avancement du magistrat, sa destitution souvent dépendent uniquement de la volonté du ministre de la justice. Les chefs de Cour, il est vrai, participent aussi, par le droit de présentation, au recrutement de leur ressort, et, de leur part au moins, on serait fondé à attendre de bons choix. Ils y sont directement intéressés : il y a autour d'eux un public spécial, très éclairé, qui se rend compte de leurs actes et devant lequel ils en portent la responsabilité.

Ils ne sauraient, sans perdre bientôt toute autorité morale, fermer l'oreille aux inspirations de la justice et de l'intérêt général. Leur liberté se trouve ainsi heureusement enchaînée dans l'obligation de bien faire.

Toute autre est la situation d'un ministre et bien différentes aussi sont les considérations qui influent sur les décisions de ce détenteur éphémère d'un pouvoir politique asservi à toutes les exigences des luttes et des intrigues parlementaires.

Et cependant rien n'oblige le ministre à tenir compte des présentations des chefs des cours d'appel, et s'il lui plaît de choisir son élu en dehors de ceux qui lui sont proposés, il en est parfaitement libre.

De quel poids, dans de telles conditions, pèseront pour la nomination d'un candidat ses titres sérieux, s'il est combattu par un personnage politique influent, et quelles seront ses chances de succès s'il ne parvient pas, lui aussi, à intéresser en sa faveur un protecteur puissant?

Votre Commission n'avait pas à rechercher comment les choses se passent dans la pratique. Le but élevé que nous poursuivons ici nous fait au contraire un devoir d'écarter tout ce qui toucherait à des questions de personnes. Il suffit que nous constations que les résultats du régime actuel peuvent être mauvais, qu'il rend les abus probables, moralement même inévitables, pour que nous soyons fondés à réclamer une réforme.

Sans doute, Messieurs, c'était sous l'empire de cette même législation dont nous vous signalons les dangers qu'avaient été institués les magistrats contre lesquels se sont déchaînées, il y a peu de temps encore, les haines révolutionnaires.

Nous ne l'avons pas oublié. Oui, à de certains moments, sous la direction de ministres éclairés, respectueux des traditions et pénétrés du sentiment de leurs devoirs, alors que la politique n'avait pas faussé tous les ressorts de son recrutement, le grand corps de la magistrature a pu réunir un personnel digne, dans son ensemble, de toute la confiance du pays. Il en était ainsi quand s'est produit ce magnifique mouvement des parquets en 1880, déjà décimés par de nombreuses destitutions, et affirmant cependant encore leur indépendance par l'envoi, en quelques mois, de 298 démissions, toutes spontanément données par des hommes pleins d'avenir ou déjà en possession de positions élevées, et qui aimaient mieux briser leur carrière que de s'associer à des actes que leur conscience réprouvait.

Il en était ainsi encore quand, en 1883, des centaines de juges ont été traités de factieux et brusquement arrachés de leurs sièges.

Mais qui ne comprend que c'est pour éviter le retour de ces crises redoutables, pour prévenir les invasions de la politique dans un domaine qui devrait lui être interdit, que nous demandons à introduire dans la loi, pour les rendre permanentes, ces garanties d'indépendance que la magistrature n'a trouvées jusqu'ici qu'accidentellement dans la conscience ou la bonne volonté des hommes appelés à la diriger. Nous n'espérons pas, sans doute, que les propositions qui formeront les conclusions de ce rapport soient suffisantes pour assurer au personnel judiciaire une entière sécurité. Il faudrait de bien autres changements dans notre pays pour arriver à un semblable résultat; mais si le but ne peut être complètement atteint, c'est encore faire œuvre utile que de travailler à en approcher.

Votre Commission n'a pas pensé que le concours, dont les avantages, au point de vue de la capacité et de l'instruction du candidat sont incontestables, fût cependant un mode de recrutement convenable pour la magistrature. L'exercice des fonctions judiciaires exige un ensemble de qualités qu'une connaissance exacte du caractère des candidats, des habitudes de leur esprit, de la moralité et de la dignité de leur vie peut seule permettre d'apprécier ; et ce seraient souvent ceux qui en seraient doués au plus haut degré qui reculeraient devant les hasards du concours, ou y échoueraient, à défaut d'aptitudes spéciales pour les luttes de la parole.

III.

Le respect du principe de l'inamovibilité atténuait, au moins dans une certaine mesure, le danger de nominations livrées à tous les hasards des influences politiques. Ce qu'on a fait de ce principe tutélaire, est-il besoin de le rappeler? Le décret de 1852, sur la limite d'âge, lui avait déjà porté une atteinte que ne justifiaient nullement les exigences du service judiciaire, pour lequel la science acquise, l'expérience des affaires et de la vie, sont incontestablement plus utiles que l'activité et la vigueur physique. Cependant, malgré ce premier échec, le principe subsistait, encore debout et efficacement protecteur. Depuis la loi du 30 août 1883, il n'en reste plus rien. La brèche pratiquée demeure ouverte et toute préparée pour de nouveaux assauts.

Il semble que ceux qui ont ainsi brisé l'une de nos plus anciennes traditions nationales aient un moment reculé devant la responsabilité qu'ils assumaient. Le mot vrai les a effrayés ; ils ne l'ont pas prononcé. Leur loi ne supprime pas, elle *suspend* l'inamovibilité. Euphémisme dérisoire, qui, loin de rien enlever à la portée de l'acte accompli, offre, en même temps qu'un précédent, une formule commode aux violences du lendemain.

Il n'y a pas de réparation actuellement possible pour le mal causé dans le passé par ces mesures révolutionnaires, après lesquelles on a pu dire que s'il restait encore des magistrats, il n'y avait plus de magistrature ; mais du moins l'abrogation des lois qui les ont autorisées serait à la fois une satisfaction à la conscience publique et un premier pas vers le relèvement que le temps et de persévérants efforts pourront seuls rendre complet.

IV.

L'Assemblée constituante avait proclamé la *gratuité de la justice* et ces expressions sont souvent rappelées comme le corollaire ironique de certains débats judiciaires auxquels semble encore applicable la moralité de la vieille fable de *l'Huitre et les Plaideurs*. En réalité cependant, la formule de l'Assemblée constituante qui ne visait que la suppression des *épices* des juges, ne saurait s'étendre aux frais qu'entraînent nécessairement les procédures. C'est aux plaideurs qu'incombe légitimement l'obligation de payer les dépenses de leurs procès, comme nous sommes tous tenus, dans la plupart des actes de la vie sociale, de payer les services qui nous sont rendus.

Ce qui est seulement mais absolument injuste, c'est la disproportion des frais avec la valeur des litiges, et il est certain que, sous la pression de besoins budgétaires sans cesse grandissants, l'impôt s'est apesanti si lourdement sur les actes de procédure que souvent, en fait sinon en droit, il en résulte de véritables spoliations. Les petits patrimoines sont absorbés par les frais des actes théoriquement destinés à les protéger ou à en assurer la propriété.

Les plaintes qui, de toutes parts, s'élèvent à cet égard, ont reçu un commencement de satisfaction par une loi récente, mais dont l'expérience a déjà démontré la complète insuffisance. Ce n'est que par une refonte générale du Code qu'on peut arriver à simplifier à la fois la procédure dans les affaires de peu d'importance et à la dégrever des perceptions purement fiscales.

V.

Les conseils de préfecture, dans leur organisation actuelle, ne répondent que très imparfaitement à l'esprit de leur institution. Composés souvent d'hommes jeunes, étrangers aux affaires, et trop dépendants du préfet, ils manquent de l'autorité qui devrait leur appartenir. Les fonctions, si importantes cependant dans bien des cas, de conseiller de préfecture ne sont considérées que comme un noviciat administratif. Il serait nécessaire d'ajouter de nouvelles garanties pour le recrutement du personnel à celles que différentes lois ont déjà établies, et de déterminer rigoureusement les conditions à remplir pour y être admis.

VI.

C'est en France une règle absolue, posée pour la première fois par l'Assemblée constituante et constamment maintenue depuis lors, comme conséquence du principe de la séparation des pouvoirs, que l'administration doit toujours être jugée par ses propres tribunaux.

Facile à établir en thèse générale et même à justifier comme théorie de droit public, à la condition de la renfermer dans d'exactes limites, cette séparation des contentieux administratif et judiciaire soulève souvent dans la pratique les questions les plus délicates et les plus importantes. Ces questions sont souverainement jugées par le tribunal des conflits.

Les faits qui ont particulièrement appelé l'attention sur la composition et le fonctionnement du tribunal des conflits sont trop récents, et ils ont eu trop de retentissement pour qu'il soit nécessaire de les rappeler ici.

L'émotion qu'ils ont provoquée a été profonde, parce qu'il répugne à toute idée de justice que le même pouvoir élève et tranche les conflits, et que, quelque haut placée que soit une juridiction, il suffit que certains de ses membres paraissent à la fois juges et parties dans les causes qui lui sont déférées, pour que la conscience publique proteste contre ses décisions.

Sans méconnaître les difficultés que présente la constitution d'un tribunal des conflits, et qu'attestent les variations de la législation à cet égard, votre Commission a pensé que c'était à la Cour de cassation que devaient être confiées ces importantes attributions.

Le souvenir des empiétements qu'on a justement reprochés aux anciens parlements pouvait encore hanter les esprits au commencement de ce siècle. Il n'effraie plus personne aujourd'hui, et ce n'est pas d'un corps comme la Cour de cassation qu'on peut redouter un parti pris d'hostilité contre l'autorité administrative.

Mais il ne suffit pas d'assurer ainsi la solution des conflits, mieux vaudrait encore les rendre moins fréquents. En tout temps l'administration a eu une tendance marquée à revendiquer la connaissance des affaires étrangères à sa compétence et, suivant l'expression de M. le procureur général Dupin, à « lancer l'interdit sur l'ordre judiciaire. »

Il nous était réservé de la voir dénier aux citoyens tout recours devant les tribunaux civils contre ceux de ses actes qui portaient directement atteinte à la propriété et à la liberté individuelle ! Les débats soulevés par des questions de ce genre ont été nombreux au cours de ces dernières années, et il n'est personne qui n'ait compris la nécessité d'en arrêter le regrettable développement.

Que l'administration, quand elle agit dans la juste limite de ses attributions, ne relève que de ses propres tribunaux, nous devons l'admettre, puisqu'ainsi le veut le principe de la séparation des pouvoirs ; mais qu'elle prétende couvrir de la sorte des actes arbitraires ou des mesures prises en violation des lois, ce serait la négation des principes les plus élémentaires de droit et de justice sur lesquels repose notre ordre social.

VII.

L'augmentation de la criminalité, que toutes les statistiques attestent, n'a malheureusement pas sa source principale dans l'insuffisance des lois répressives : ses causes sont plus profondes, et ce serait aux moralistes qu'il appartiendrait surtout de les signaler.

Votre Commission, cependant, a été frappée de l'imperfection de la loi qui règle la formation des listes des jurés appelés à siéger en cour d'assises. Comment s'étonner de la faiblesse ou de l'inintelligence d'un si grand nombre de verdicts, quand on se rend compte de la manière dont sont choisis ceux qui les rendent ?

Assurément, il ne saurait entrer dans la pensée de personne aujourd'hui de demander la suppression du jury. C'est une institution qui est entrée dans nos mœurs et qui, mieux qu'aucune juridiction permanente, peut porter la lourde responsabilité des condamnations criminelles.

Mais si on ne doit pas songer à la remplacer, on peut du moins en améliorer les conditions, et, à cet égard, ce serait sur la formation des listes du jury qu'il serait le plus urgent de faire porter la réforme. Là encore, la politique a usurpé la place de considérations d'intérêt général, et, trop souvent, les commissions qui dressent les listes se préoccupent plus des opinions de ceux qu'elles y admettent que de leur aptitude à bien juger.

Mieux composées et fortifiées par l'adjonction *des plus imposés*, les commissions communales enverraient de meilleurs éléments aux commissions centrales, dans lesquelles il serait également nécessaire de réserver une plus large place aux représentants de la justice.

III. — ARMÉE

RAPPORT DE M. GAUTHIER

Sous-Intendant militaire de 1re classe, en retraite.

En vous entretenant du service militaire, votre deuxième Commission veut vous parler surtout de la loi qui réduit à trois années la durée de ce service. Nous ne sommes pas partisans de cette loi ; elle renferme une question qui touche non-seulement à l'armée, mais elle renferme surtout une question de salut national.

En réduisant la durée du service, on fait à l'armée tout le mal qu'on peut lui faire ; on la prive de ses anciens, de ses meilleurs soldats ; on affaiblit ses cadres en rendant presque impossible le bon recrutement des sous-officiers, on supprime ainsi la force de l'armée.

Vous avez tous lu et suivi avec intérêt les discussions qui ont eu lieu à la Chambre et au Sénat. Sans entrer dans de longs développements, sans vous fatiguer par des détails que nous croyons inutiles, nous nous bornerons à vous rappeler l'opinion de personnages compétents qui, par leur personnalité, la position considérable qu'ils occupent ou ont occupée dans l'armée, commandent la confiance la plus absolue.

Le maréchal Gouvion de Saint-Cyr, le maréchal Soult, les généraux de Preval, de Cour, d'Aubignac, Changarnier, de Lamoricière ont tous, autrefois déjà, demandé le service de cinq ans, qui est le chiffre réglementaire pour la bonne composition d'une armée.

En dernier lieu, au Sénat, le maréchal Canrobert, les généraux Arnaudeau, Espivent de la Villeboisnet, d'Andigné se sont énergiquement prononcés contre le service de trois ans, qu'ils regardent comme dangereux pour la patrie.

Plus récemment encore, à la Chambre des députés, le général Lacretelle n'a pas craint de dire que le service de trois ans aura pour conséquence fatale la ruine de l'armée, l'effacement de l'esprit militaire dans la nation.

Le maréchal Canrobert s'étonne, ne comprend pas qu'on ait présenté la nouvelle loi sans avoir pris l'avis du Conseil supérieur de la guerre. Il y a là, selon lui, quelque chose de nature à atténuer la confiance de l'armée dans l'œuvre qu'on veut faire.

Avec le service de trois ans il est impossible d'obtenir un noyau de sous-officiers et de vieux soldats expérimentés ; or, ce noyau est indispensable à la constitution d'une bonne armée : on peut encore moins former les réserves qui décident de la victoire.

Avec le service de trois ans, les régiments deviennent des lieux de passage où il sera impossible de donner à la cavalerie, au génie, à l'artillerie l'instruction qui leur est nécessaire ; on n'apprendra pas au soldat à sacrifier sa vie, son corps, ses intérêts matériels ; on ne lui inculquera pas cette éducation militaire qu'on appelle le feu sacré, et qui surmonte tous les obstacles.

Si tous les hommes compétents étaient d'accord sur la durée

du service de trois ans, la conscience de chacun serait en repos ; mais telle n'est pas la situation : les officiers généraux qui
siègent à la Chambre et au Sénat sont en désaccord : devant un
pareil partage d'opinion, on n'a pas le droit de risquer, dans
une aussi grave question, l'existence du pays.

Il est vrai que tous les ministres de la guerre qui se sont
occupés de cette question ont tous émis des avis favorables et
conformes, mais cela ne suffit pas. Quand un officier général,
même très expérimenté, devient ministre de la guerre, son
opinion sur une question de cet ordre, au lieu de gagner en
autorité, perd : son opinion, en effet, est plus ou moins in-
fluencée par les combinaisons politiques dans lesquelles il est
obligé d'entrer.

Les militaires qui ne sont pas mêlés à la politique, qui sont
et restent militaires, sont hostiles à la diminution de la durée
du service et la considèrent comme un désastre.

Si on n'a pas consulté le Conseil supérieur de la guerre,
c'est qu'on était certain qu'il émettrait un avis défavorable, et
que cet avis serait l'anéantissement de la loi en discussion.

La nouvelle loi, a dit M. de Penaster, mène le pays non pas à
un Sedan militaire, mais à un autre Sedan autrement terrible,
dont on ne se relève pas, à l'épuisement de la nation, à sa
ruine, à la ruine de tout ce qui fait sa supériorité dans le monde
au point de vue des sciences, des arts et de l'industrie.

Avec la loi de trois ans, on ne préparera qu'une foule armée,
sans cohésion sérieuse, incapable de nous servir, une de ces
foules qui, si la victoire ne couronne pas ses premiers efforts,
se retournera contre nous et criera à la trahison, comme cela
s'est vu en 1870.

On a dit que le nombre est tout et qu'on a besoin d'avoir une
armée nombreuse, que la supériorité d'une armée sur une
autre résulte du nombre d'hommes qu'on peut mettre en ligne;
sans doute, comme le disait le maréchal Bugeaud, il faut le

nombre, mais le nombre suffisant et pas le grand nombre ; le nombre sans la qualité ne compte pas, mais le nombre suffisant avec la qualité a toujours raison du grand nombre. L'issue des batailles ne dépend pas exclusivement et même principalement de la quantité : si on avait à choisir entre la quantité et la qualité, personne n'hésiterait à préférer la qualité.

Avec la loi de trois ans, on aura la quantité sans la qualité ; on aura 100,000 hommes de plus qu'avec la loi de 1872 : les dépenses budgétaires ne permettront jamais de faire face à cette nouvelle charge : on ne pourra pas conserver trois contingents sous les drapeaux ; on devra alors retarder les appels, faire des renvois anticipés, accorder des congés dans des proportions énormes, ouvrir ainsi une large porte à l'arbitraire. Le service de trois ans sera forcément diminué, il se réduira à deux ans, à moins peut-être, et quand on en arrivera là, et on y arrivera vite, on verra, à la place de l'armée, apparaître ces milices qui sont un grand péril pour la patrie.

Ce n'est pas seulement l'armée que la loi de trois ans frappe d'un coup funeste, ce sont encore toutes nos administrations dont elle entrave le bon et utile recrutement : elle jette la désorganisation partout, aussi bien dans l'enseignement que dans le clergé ; elle abaisse le niveau intellectuel du pays, parce qu'elle rend l'éducation scientifique plus difficile : elle met en cause l'avenir et l'existence de l'Eglise catholique en France, car elle tarit, à sa source, le recrutement du clergé et arrive par là au moyen le plus sûr de combattre la religion. Aussi a-t-on dit, avec raison, que c'était surtout contre la religion que la loi était faite.

On a créé dans l'esprit du public une étrange illusion : on lui a parlé de la réduction du service et bien des gens, trompés par cette assertion, ne se doutent pas que la charge de ce service sera incomparablement plus lourde qu'elle ne l'était sous l'empire de la loi de 1872.

Avec cette loi de trois ans, on ne veut pas alléger les charges du pays, puisque, par la suppression des bons numéros, on les aggrave, on les étend, on les généralise. Il faut détromper le public et lui faire bien connaître toutes les charges financières et autres que la nouvelle loi fera peser sur lui.

En outre des effets désastreux qu'elle aura pour l'armée elle-même, elle causera des charges plus lourdes pour les classes pauvres, parce qu'elle retiendra leurs enfants éloignés pendant trois ans, lorsque la loi de 1872 n'en garde réellement une fraction que pendant quarante mois et l'autre fraction pendant un an et même dix mois.

L'armée, telle qu'elle est sortie de la loi de 1872, telle que cette loi l'a faite et constituée, est une excellente armée, qui suffit parfaitement à la défense du pays ; elle serait meilleure encore si on appliquait strictement la loi.

L'obligation du service égai pour tous n'est pas l'expression de la vérité des faits ; c'est une formule électorale avec laquelle on cherche à exciter de malsaines passions ; c'est un argument électoral, argument sans vérité, sans sincérité, fait d'une apparence, préparant toutes les déceptions, car l'égalité du service énoncée avec fracas, on ne la fait pas, on est hors d'état de la faire. Il est facile de le constater : en effet, il résulte des dispositions de la loi que 15 % des hommes appelés ne font que six mois de service, 10 % un an, 10 % deux ans, et le reste ne fera pas trois ans.

L'obligation égale du service militaire n'égalise pas pour tous ce service, puisque rien, dans la nouvelle loi, n'est changé aux articles d'exception.

Nous ne voulons pas, Messieurs, abuser plus longtemps de vos moments. Par cet exposé, que nous avons cherché à faire aussi succinct que possible, nous espérons vous avoir démontré suffisamment les inconvénients de cette loi, jugée mauvaise à tous les points de vue :

Au point de vue militaire, elle affaiblit l'armée et désorganise les moyens de défense ;

Au point de vue financier, elle augmente les charges et les dépenses ;

Au point de vue civil, elle atteint, dans sa source même, le capital intellectuel de la nation, et compromet de la façon la plus grave sa prospérité matérielle.

La loi de trois ans est une loi politique, une loi électorale ; c'est, comme on l'a fort bien dit, un tremplin électoral dont veulent se servir certains ambitieux pour arriver à la députation, au Sénat, aux honneurs et aussi aux profits, en remplissant leurs poches tout en vidant celles des contribuables.

Votre Commission émet donc le vœu qu'une semblable loi ne soit jamais appliquée et qu'elle rentre définitivement dans les cartons d'où elle n'aurait jamais dû sortir.

Si la loi de 1872 est défectueuse dans quelques-unes de ses parties, il faut la modifier, l'améliorer. Ainsi l'engagement conditionnel d'un an est condamné depuis longtemps par l'opinion. Il n'est pas autre chose qu'un remplacement déguisé dont tous les bénéfices sont pour l'Etat et dont la charge retombe tout entière sur les populations. Sa suppression est demandée par un grand nombre de généraux et de chefs de corps.

On pourrait le remplacer en autorisant, dans une certaine mesure, les substitutions de numéros entre les jeunes gens de la même classe, en introduisant même dans la loi le remplacement, mais le remplacement moralisé, réglementé, sauvegardant en même temps les intérêts de l'armée et les intérêts des populations.

Les dispenses conditionnelles, telles qu'elles sont accordées par l'article 17 de la loi de 1872, donnent lieu à des abus qu'il importe de faire disparaître, qu'on fera disparaître facilement, mais qui ne sont rien, comparés à ceux qui résulteraient de l'application de la nouvelle loi.

IV. — FINANCES

—⸎—

RAPPORT DE M. LE BARON D'AVOUT

« Faites-moi de bonne politique, je vous ferai de bonnes finances, » disait un habile ministre de la Restauration. La proposition inverse n'est pas moins vraie : « Faites-nous de bonnes finances, nous vous ferons de bonne politique. » Politique et finances forment en effet un seul tout harmonieux ; c'est par une exacte combinaison de ces deux éléments qu'on parvient, aux époques de crise, à relever le pays. Nous l'avons vu plus d'une fois, dans le cours de ce siècle ; en 1871, spécialement, grâce à une politique prudente et au concours de toutes les bonnes volontés, les plaies sont promptement cicatrisées, le crédit se ranime, les capitaux se rassurent et reprennent leur essor..... Pourquoi cette situation heureuse a-t-elle pris fin ? d'où vient le prompt revirement qui s'est produit dans notre prospérité financière ? par quels moyens remédier à la crise qui nous désole ? C'est ce qu'il convient d'examiner pour asseoir nos doléances et formuler nos vœux.

I.

Disons tout d'abord qu'il n'est pas permis de nier l'intensité de la crise. Elle a surtout pour cause des faits d'ordre intérieur. Certes, la paix européenne est loin d'être bien assise ; mais il semble que, depuis dix-huit ans, on se soit accoutumé à cette instabilité, et que l'opinion publique en ait pris son parti. La Bourse est devenue sceptique ; elle se désintéresse des nouvelles à sensation ; elle ne veut croire qu'à la réalité.. ... Et cependant l'anxiété est générale, et le mécontentement lui fait cortége ; nul n'est assuré du lendemain, et n'ose aborder les entreprises de longue haleine ; le commerce souffre, l'industrie périclite, l'agriculture est tout particulièrement éprouvée. Le rentier, atteint déjà dans sa fortune par la conversion de la rente, se voit menacé par je ne sais quelle proposition d'impôt sur le revenu : il voit augmenter ses impositions, pour alimenter les folies scolaires. Le fonctionnaire, victime de l'instabilité gouvernementale, craint de voir supprimer sa place, ou d'être frappé d'une mise à la retraite anticipée ; certains d'entre ces modestes serviteurs de l'État attendent depuis plusieurs mois le paiement de leur salaire ; d'autres, fatigués, sollicitent leur retraite, l'obtiennent, mais ne peuvent en voir aboutir la liquidation. Des créanciers de l'État ou des départements, expropriés pour cause d'utilité publique, se voient, au lieu de l'indemnité préalable qui leur est due, allouer l'intérêt de cette même indemnité, avec promesse d'un règlement ultérieur.

Au dehors, et dans les entreprises parfois inconsidérées où le drapeau français se trouve engagé, on ne fait rien qu'à demi ; notre action est paralysée par cette même maladie, dont le régime tout entier semble souffrir : *faulte d'argent*.

Précisons le mal, voyons les moyens d'y remédier.

II.

Les chiffres ont leur éloquence ; elle est particulièrement triste pour nous, Français, qui voudrions fermer les yeux à la réalité. Notre dette publique dépasse aujourd'hui le chiffre de 37 milliards ; elle était en 1870 de 15 milliards ; nous avions de ce chef des rivaux, certains d'entre eux nous dépassaient même dans cette course désastreuse ; aujourd'hui, nous les laissons loin derrière nous. L'Angleterre, dont le crédit est intact, ne cesse point, par une sage administration par une réduction opportune du taux de sa dette, d'améliorer ses finances. Les Etats-Unis, de leur côté, nous ont donné un exemple plus frappant encore : ils avaient, après la guerre de sécession, une dette de 15 milliards ; aujourd'hui, leur budget se solde par un trop-plein d'excédents, qui les menace, eux aussi, d'une crise économique, mais en sens inverse de la nôtre. Plût au ciel que notre pays souffrit d'une semblable pléthore !

Pour nous, nos dépenses augmentent d'une manière continue, et, comme nos recettes ne suivent pas une semblable progression, le déficit, lui aussi, poursuit sa marche ascendante. Que nous sommes loin de l'époque où le budget des dépenses atteignit pour la première fois le chiffre d'un milliard ! « Saluez ce milliard, vous ne le reverrez plus, » disait un orateur clairvoyant. L'avenir lui a donné cruellement raison. En 1831, notre budget est de 1,219 millions ; il est de 1,630 en 1847, de 2,075 en 1869 ; le deuxième milliard est franchi. Survient la guerre, dont les désastres se traduisent par un total de 10 milliards, portant à notre charge une augmentation budgétaire de 600 millions..... Le fardeau est lourd, mais essentiellement réductible ; l'Assemblée se met à l'œuvre avec énergie. Une première période, de 1871 à 1875, est signalée par le rétablissement de notre crédit, la création d'impôts productifs, une sage modération dans les dépenses; la France veille à reconstituer ses finances, à se libérer de ses engagements. La seconde période, de 1876 à 1881, recueille les fruits de cette prudence; c'est une ère de prospérité financière, qui éblouit une majorité ardente et inexpérimentée; le Trésor encaisse des plus-values; on se croit riche, et l'on dépense sans calculer. Alors survient le déficit, d'une manière timide d'abord et inavouée; plus tard, il s'étalera au grand jour; c'est la troisième période.

Le budget, en effet, n'a pas cessé de s'accroître. Du chiffre de 2,680 millions en 1876, il atteint en 1884 le total officiel de 3 milliards, avec un montant correspondant de recettes, et va, en apparence tout au moins, s'en tenir à ce chiffre. Mais ce n'est point là l'expression exacte de notre situation financière. Les dépenses augmentent, et les recettes demeurent stationnaires; le budget, moyennant maint artifice, semble encore s'équilibrer, mais le déficit n'en est pas moins certain. Il grossit d'année en année; dès 1881, il est de 600 millions; dans les années suivantes, il dépassera largement cette somme, et ce déficit périodique, qui ne peut plus être nié, qui pourrait être inscrit chaque année au budget ordinaire de nos dépenses, devient la caractéristique constante et palpable de notre désordre financier. Désormais, il n'est plus permis de dissimuler; depuis 1881, le déficit est en permanence installé dans nos budgets.

C'est que le système a changé. Le compte de liquidation, institué après la guerre en vue de reconstituer notre matériel militaire, ne pouvait être indéfiniment prolongé, faute d'objet; mais alors, et à partir de 1879, apparaissent les crédits extraordinaires, les crédits supplémentaires, qui seront désormais la plaie du Trésor. Le budget de dépenses extraordinaires ne devrait comprendre que les dépenses temporaires simplement utiles, susceptibles d'être ajournées; mais tous les ministres viennent successivement puiser à cette source ; les travaux publics improductifs en prennent la plus grosse part. Or, ce budget n'a pas de dotation régulière ; il n'a d'autre ressource que les emprunts successifs, et d'autre effet que d'altérer notre équilibre financier. Avec tous les budgets annexes, qu'ils prennent le nom de budget *extraordinaire*, budget *sur ressources spéciales* ou budget *pour ordre*, avec les crédits supplémentaires, le chiffre des dépenses annuelles de l'Etat atteint actuellement *quatre milliards* (chiffre exact 3,897 millions pour 1890). Or, en 1876, avec le budget sur ressources spéciales, il était de 2,989 millions, soit, de 1876 à 1890, un écart de 908 millions, et une augmentation de 31 %.

Tout système financier sagement pondéré repose sur deux bases : *dégrèvements, amortissement*. Les plus-values doivent être consacrées à soulager le contribuable, à amortir le capital de la dette. Ces deux principes sont depuis longtemps perdus de vue. — L'amortissement est devenu fictif : on reporte à une date postérieure l'échéance des obligations arrivées à terme, ou bien l'on emprunte pour les rembourser, et la dette renaît sous une autre forme. — Quant aux dégrèvements, le principal d'entre eux, et celui-là bien imprudent, car il était excessif, a porté sur les boissons : les marchands de vin en ont profité, mais non le consommateur. La conversion de la rente 5 % en 4 1/2 % a produit 35 millions, dont devait bénéficier l'agriculture ; cette promesse n'a pas été tenue.

Les dépenses impolitiques et irréfléchies ont été accumulées. Les travaux publics prennent 9 milliards environ, dont 6 milliards 1/2 pour les chemins de fer ; c'est l'exécution du fameux *plan*, qui devait, assurait-on, donner un si vif essor à notre prospérité commerciale. On entreprend à la fois 144 lignes dans toutes les régions, soit 5 à 6,000 kilomètres pour un but électoral ; une fois les travaux mis en train, il devient difficile de les arrêter. On inquiète les grandes Compagnies par des menaces de rachat, et, comme elles ne s'effraient pas, on finit par conclure avec elles des conventions onéreuses. L'exploitation du réseau de l'Etat est désastreuse, 40 millions de perte pour les trois premières années, et la perte s'augmente par l'ouverture de lignes improductives. En 1877, les 21,000 kilomètres de notre réseau total rapportaient 1 milliard 31 millions ; nous en avons 35,000 en 1889, et ils rapportent 1 milliard 49 millions, soit une modeste augmentation de 18 millions à mettre en face de nos 14,000 nouveaux kilomètres. La recette kilométrique, qui était de 49,000 fr. en 1877, est tombée, en 1889, à moins de 30,000 fr. Tel est le résultat le plus immédiat de l'extension inconsidérée donnée à notre réseau de voies ferrées.

Les ports de mer, les canaux absorbent sans grand profit le surplus de cet énorme capital de 9 milliards. On vote 6 millions pour certaines victimes de la politique, 15 million pour alléger la charge que la gratuité de l'instruction primaire impose aux communes. De 1878 à 1888, l'Etat a emprunté 8 milliards 1/2, et les engagements du Trésor, sous forme de bons ou d'obligations, s'élèvent à plus de 6 milliards pendant cette même période. Or, l'instruction publique réclame encore plus de 600 millions, les travaux publics 1 milliard 1/2, et le troisième réseau de chemin de fer 3 milliards. On a usé, on usera encore d'expédients, dont le plus triste a été la main-mise sur les fonds des caisses d'épargne : mais il faut à tout prix se procurer de l'argent, et la création des caisses d'épargne postales, d'une utilité, d'une légalité contestables, a pour but d'attirer aux guichets de l'Etat un nouveau flot de déposants.

L'Etat n'est pas seul en déficit. Dès 1883, 53 départements sont dans la même situation ; puis c'est le tour des communes. Pour faire face aux dépenses scolaires, elles ont sensiblement accru leurs centimes additionnels. L'administration les presse de bâtir des écoles ; la loi du 18 mai 1883 lui permet de les contraindre à contracter des emprunts pour cette construction, et d'inscrire d'office à leur budget les sommes nécessaires au service de ces emprunts. Les communes ont ainsi dépensé 669 millions : leur dette, jointe à celle des départements, atteint 3 milliards 600 millions, et porte ainsi à *41 milliards*, soit 1,000 fr. par tête d'habitant, le total de la dette, ou, si l'on veut, des *engagements du Trésor mis à la charge du contribuable français*. Sur cette énorme somme, 16 milliards représentent la part des dix dernières années.

La France est riche, dira-t-on : on a peut-être été imprudent, mais on devait compter, on doit compter encore sur des plus-values. Nous en avons eu, en effet, mais elles diminuent chaque année ; il n'est pas sage désormais de les faire entrer en ligne de compte. Trois causes peuvent surélever le rendement des impôts : — 1° l'accroissement de la population, mais il est insignifiant et ne dépasse pas 100,000 âmes par an ; — 2° l'activité commerciale et industrielle, mais elle décroît chaque jour, les impôts rentrent moins facilement, les frais de poursuites s'élèvent ; — 3° enfin l'accroissement de la richesse publique, mais l'épargne a été atteinte par de mauvaises spéculations, par des catastrophes financières dans lesquelles l'Etat n'a pas toujours joué avec impartialité son rôle de tuteur de la fortune publique (Union générale, Panama, Comptoir d'Escompte).

Il ne faut donc plus se repaître d'illusions ; il faut envisager de sang-froid la situation, et y chercher le remède.

III.

Notre système financier lui-même, tel du moins qu'il devrait être appliqué, n'appelle pas de réforme capitale. — On a parlé souvent de remanier l'impôt foncier par la révision du cadastre. Assurément cette opération serait désirable, pour arriver à une nouvelle répartition entre les départements, et restituer aux parcelles de terre leur valeur réelle ; mais elle coûterait au delà de 200 millions. Les injustices ou inégalités de ce chef ne sont pas assez considérables pour justifier à bref délai une dépense de cette importance. Il y aurait intérêt à réduire pour les transmissions d'immeubles, le droit de mutation ; il est de 6 60°/₀, et, avec les honoraires et frais d'actes, il dépasse assurément 40 °/₀. Le diminuer aurait pour effet de rendre à la propriété immobilière sa facilité de transmission. — D'un autre côté, certains droits de douane pourraient être élevés.....

Mais les critiques que nous avons à formuler ont surtout un caractère politique, en ce sens que, pour y donner satisfaction, il conviendrait aux pouvoirs publics de changer leurs errements.

Ces critiques, d'une importance capitale, portent tout d'abord sur la procédure financière : — Tout budget doit présenter trois qualités essentielles : il doit être *un, clair* et *sincère :* or, ces trois qualités sont, depuis dix ans au moins, bannies de notre pratique législative.

La Chambre, au moment de voter le budget, devrait, aux termes de la loi du 15 mai 1818, *avoir sous les yeux les résultats provisoires de l'année précédente en recettes et en dépenses, et le compte définitif du dernier exercice clos, avec la déclaration de conformité de la Cour des comptes ;* un règlement de 1862, sur la comptabilité publique, est venu rappeler ces sages exigences et en préciser l'application. Or, depuis 1870, il y a retard constant, et l'on renonce à obtenir le règlement définitif des budgets, ce qui est cependant le seul moyen, par la comparaison avec le passé, de voir clair dans l'avenir. Au mois de mai 1885, la Chambre se trouvait en présence de dix budgets non définitivement réglés, ceux de 1875 à 1884. En 1885, les comptes de l'Exposition de 1878 n'étaient pas encore apurés. Les observations de la Cour des comptes demeurent lettre morte ; le plus souvent, on ne lui fournit pas les éléments sur lesquels elle puisse asseoir sa conviction. — Tout est

obscurité, confusion dans nos finances, qu'il s'agisse de comptes
ou de budget ; les exercices financiers se confondent, chacun
d'eux profite de ressources qui ne lui appartiennent pas en
propre, sauf à en léguer lui-même aux budgets postérieurs. Les
budgets sont pleins de reports, l'exercice financier n'a plus ni
commencement ni fin ; par suite, il devient impossible de savoir
si cet exercice est en excédent ou en déficit. Il faut revenir à la
clarté, cette précieuse qualité de notre esprit français.

Il faut en même temps revenir à la *sincérité* des budgets. Il
faut que la loi annuelle de finances présente exactement l'ensemble de nos dépenses ; pour cela, il faut arriver à la suppression complète du budget extraordinaire, qui, en 1881, s'est
élevé au chiffre énorme de 972 millions de francs, qui, pour
1890, est encore de 867 millions, et se maintient depuis neuf
ans au chiffre moyen de 700 millions. Il faut renoncer aux crédits supplémentaires ouverts périodiquement en cours d'exercice, ou tout au moins les restreindre aux cas absolument urgents, aux événements inopinés que rien ne pouvait faire prévoir.
Il faut enfin que le chiffre de la dette flottante, sans cesse ali-
menté par les émissions de bons du Trésor, d'obligations à
court terme, par les comptes-courants des caisses d'épargne,
que ce chiffre soit exactement connu, pour être ramené à des
proportions plus restreintes. (Notre dette flottante, exigible au
1er janvier 1886, atteignait 3 milliards 1/2 ; elle se maintient à
une moyenne habituelle de 2 milliards.) Le budget, devenu
plus sincère, recouvrera en même temps son *unité*.

Le mode de préparation du budget est vicieux ; de ce côté
encore, de sérieuses réformes sont réclamées. La loi de
finances devrait être, pour chaque ministère, préparée dans les
bureaux par le ministre compétent ; les divers budgets seraient
ensuite soumis au ministre des finances, qui les coordonnerait
et les ramènerait à de justes proportions. Puis la discussion
viendrait aux Chambres, soutenue par chaque ministre, dont la

commission du budget contrôlerait les assertions. Aujourd'hui, en réalité, c'est cette même commission qui prépare le budget, et son ingérence est constante, à tous les degrés, sur tous les points de notre organisation administrative; les rapporteurs spéciaux sont le fléau des ministres, qu'ils tyrannisent et qui doivent s'incliner devant eux. La Chambre profite du vote de la loi de finances pour désorganiser les administrations en refusant les crédits, moyen détourné de supprimer telle ou telle fonction; le budget sert à briser les résistances des ministres. — Encore s'il était soumis au Parlement en temps utile, afin que nos mandataires puissent se former une opinion! mais la multiplicité des rapporteurs spéciaux est la cause de retards périodiques. Portée tardivement aux Chambres, la loi de finances est votée sans aucune connaissance de cause; le Sénat est absolument sacrifié, huit jours à peine lui sont donnés pour examiner le budget. La honte des douzièmes provisoires ne nous a même pas été épargnée.

Ne serait-il pas possible de sortir de ces embarras sans cesse renaissants? la procédure du budget ne saurait-elle être améliorée? — Voyons ce qui se passe chez les peuples voisins, en Italie, en Angleterre. Un grand principe domine chez eux toute discussion financière, c'est que *la loi de finances ne peut entraver l'exécution d'une loi existante non régulièrement réformée.* Chez l'un comme chez l'autre, les dépenses se décomposent en *obligatoires* et *variables.* En Italie, les propositions de la commission du budget, les amendements de la Chambre ne peuvent porter que sur la seconde catégorie; pour toucher à la première, il faut une loi spéciale.

En Angleterre, où il n'y a pas de commission du budget, tous les impôts, sauf l'*income-tax* (impôt sur le revenu), sont permanents; ils forment le fonds consolidé, qui est la garantie des créanciers de l'État; le gouvernement les perçoit sans qu'un vote annuel soit nécessaire. Que l'un d'eux soulève des objections, un membre propose à la Chambre d'en recommander la suppression au gouvernement ; et, si la motion est votée, le gouvernement en tiendra compte en présentant le budget de l'exercice suivant. — Pour préciser davantage, les dépenses immuables sont : l'intérêt de la dette publique, la liste civile du chef de l'Etat, les pensions civiles et militaires, les traitements des magistrats, soit un tiers de la dépense totale. Peuvent varier au contraire : les crédits de la guerre et de la marine, les dépenses de l'instruction publique, des travaux publics, la police, les frais de justice, les postes, etc.: encore une dépense nouvelle ne peut-elle être introduite, que sur la proposition du gouvernement auquel la Chambre peut la recommander.

Tel est le système suivi par nos voisins, dont l'un au moins ne saurait être taxé de légèreté dans l'administration de ses finances. Ajouterons-nous qu'il a été préconisé à une date récente, dans les *Instructions* d'un personnage auguste ? Est-il possible d'en méconnaître les avantages, dont le premier serait d'abréger, de rendre moins âpre chaque année la discussion de notre budget ?

Ces questions de procédure traitées, il faut revenir à l'examen du budget lui-même, à la recherche des moyens propres à en rétablir l'équilibre.

L'assiette de nos impôts, avons-nous dit, peut être maintenue dans ses lignes essentielles. En réclamer l'extension serait imprudent : le contribuable français plie déjà sous un fardeau tel que nul peuple civilisé n'en supporte de semblable. Sa charge annuelle est de 100 fr. par tête, tandis que l'Italien n'en paie que 60, le Belge 53, l'Autrichien 50, le Russe 35, et l'Allemand moins encore. C'est donc à l'économie, à une sage utilisation de nos ressources, qu'il faut demander le remède.

On ne saurait nier qu'il n'existe, sur chaque ministère, de nombreuses réductions à opérer. Tout d'abord, le nombre lui-même des ministres peut paraître exagéré : à des époques plus prospères, la France se contentait de six titulaires ; ce chiffre s'est considérablement accru par le dédoublement de divers ministères, par la création de portefeuilles dont la nécessité ne se faisait guère sentir. — Dans les ministères eux-mêmes, les états-majors sont excessifs, et cet accroissement se poursuit d'une manière continue : les bureaux se transforment en divisions, les divisions en directions, quelquefois même les directions en ministères ; l'instruction publique possède aujourd'hui autant de directeurs qu'elle comptait de chefs de bureau il y a trente ans ; les beaux-arts, après avoir formé une simple division, en sont venus pour un moment, à constituer un ministère spécial. Un chef de bureau pour deux employés, telle est la proportion dans certains d'entre eux. — Qu'il s'agisse des administrations centrales ou des départements, de nombreuses réductions de personnel seraient assurément possibles. Il faudrait partir de ce double principe : que les fonctions ne doivent pas être créées pour les individus, et que chaque titulaire doit fournir la plus grande somme de travail possible.

On ne veut pas entrer ici dans le détail de chaque catégorie ministérielle ; on rappellera seulement : — que les traitements des magistrats ont été surélevés dans un but exclusivement politique ; — que notre diplomatie est la plus chère de l'Europe ; — que le soldat allemand coûte 850 fr. à l'État, tandis que le nôtre en coûte 1,250 ; — que les travaux publics comptent dans leurs cadres beaucoup d'ingénieurs insuffisamment occupés ; — que la marine entretient à terre, sans fonctions, un nombreux personnel d'officiers qui pourrait être utilisé dans les services administratifs ; — qu'à l'instruction publique, une certaine quantité de collèges, convertis en lycées, n'ont qu'un chiffre dérisoire d'élèves, tout en coûtant fort cher à l'État ; qu'à ce même ministère, et dans un but politique, des instituteurs grassement rétribués ont été substitués à des éducateurs qui se contentaient d'un traitement mo-

deste ; que l'instruction primaire qui, en 1874, ne réclamait que 16 millions, en absorbe aujourd'hui 80 ; que, dans les écoles, l'enfant qui, en 1874, coûtait 4 fr. à l'État, lui en coûte aujourd'hui 106, et cependant le nombre des élèves, dans les écoles libres, n'a pas cessé de s'accroître ; — qu'au sommet de l'échelle, enfin, notre Parlement nous coûte 12 millions, tandis que le Reichstag allemand se contente de 512,000 fr.

Combien d'inspecteurs qui n'inspectent que peu de chose ! C'est une véritable fièvre de dépense, à laquelle il convient de mettre fin. Il faut une loi des cadres immuable ; aucun emploi ne devra être institué qu'en vertu d'une loi nouvelle ; on ne permettra plus aux ministres d'en créer de leur propre autorité, pour rémunérer tel ou tel service ; on ne fermera plus les yeux sur les virements de crédits, qui se traduisent, en cours d'exercice, par des demandes de crédits supplémentaires. Les traitements civils, qui étaient de 253 millions en 1870, de 279 millions en 1876, sont aujourd'hui de 400 millions. En dehors de l'armée, un million de personnes en France vivent du budget. — On ne leur permettra pas davantage, pour satisfaire à des demandes d'emploi, d'instituer des retraites proportionnelles, et d'accroître ainsi démesurément le nombre des pensions. Le chiffre qui, en 1870, était de 78 millions, en 1876 de 100 millions, est aujourd'hui de 200 millions. Il suffit d'énoncer de tels faits pour en faire justice.

Que d'économies, que de suppressions à réaliser ! Le ministre propose, et souvent n'ose donner suite, pour ne pas mécontenter une personnalité influente. Mais les suppressions doivent être étudiées et mûries ; elles ne doivent pas être inconsidérées, sous peine d'être qualifiées de coups de tête. Tel jour on supprimera les sous-préfets, pour les rétablir le lendemain ; un autre jour, les trésoriers généraux seront touchés : on réduira leur situation financière, sans se demander si l'on n'atteint pas en même temps leur honorabilité. — Dans cette voie de remaniements improvisés, on désorganise les administrations, on suspecte, on épure : le fonctionnaire intimidé, découragé, sent son activité s'affaiblir ; l'action gouvernementale est énervée ; l'agent financier n'ose plus poursuivre avec énergie le recouvrement des impôts ; les rentrées diminuent. Le préjudice causé au Trésor par cette instabilité devient chaque jour plus appréciable. — Que le fonctionnaire soit encouragé et soutenu ; que sa carrière ne soit pas entravée ; qu'il ne voie plus chaque jour les hautes places données à des personnalités étrangères, dépourvues d'aptitude, et que leurs échecs politiques semblent seuls recommander à l'action du gouvernement : tels sont les vœux, assurément bien modestes, qu'une semblable situation nous inspire.

IV.

Nous voulons donc que la fortune de l'État soit mieux administrée, et qu'une sage économie, pratiquée à tous les degrés, vienne parer au déficit ; mais nous voulons aussi rétablir l'ordre dans les finances des communes. Nous avons plus haut indiqué dans quelle mesure elles ont été, à leur tour, atteintes par le désordre général ; il y a là de sages errements, trop légèrement abandonnés, auxquels il conviendrait de revenir.

Autrefois la loi municipale exigeait l'adjonction des *plus imposés*, en nombre égal à celui des conseillers municipaux, dans toute délibération ayant pour objet les impositions communales. Une nouvelle loi a supprimé cette adjonction ; désormais les conseils, influencés par la politique, ne se font pas faute d'accroître les centimes additionnels qui devront porter essentiellement sur des adversaires plus fortunés qu'eux. — Sur ces petits théâtres, la politique n'exerce que trop son action sur les finances. Dans mainte commune, la commission de répartition

des impôts, nommée par le maire et présidée par lui, consulte plutôt les opinions que les ressources de tel administré.

En dernière analyse, et sur tous les points, nous ne rencontrons que fâcheux errements, mauvaise administration, gaspillage de nos finances. Nous ne recueillons que plaintes et mécontentement, soit dans la bouche des contribuables, soit sous la plume des économistes, même les plus dévoués à la République. Ce mécontentement, ces plaintes, nous en apportons ici l'expression, en sollicitant un prompt remède.

TROISIEME COMMISSION

AGRICULTURE

RAPPORT DE M. ARCELIN

La 3e section s'est occupée des intérêts d'une pauvre déshéritée, très modeste, qui n'a pas, jusqu'à présent, élevé la voix bien haut pour revendiquer la sollicitude des gouvernements. Cependant l'agriculture tient une place si considérable dans l'économie générale des nations, qu'elle devait nécessairement figurer à l'ordre du jour de nos débats. C'est en définitive la grande question du pain quotidien.

Votre Commission agricole a constaté que, si des progrès considérables et incontestables ont été réalisés en France depuis le siècle dernier, si la condition des populations rurales, en général, s'est améliorée d'une façon très remarquable, l'honneur n'en revient point à nos institutions civiles et politiques, mais surtout à l'intelligence et à l'infatigable activité de nos agriculteurs.

Tant que les affaires allaient bien, pour parler un langage simple et pratique, le pauvre cultivateur ne marchandait pas avec le fisc et payait tout ce qu'on lui demandait.

Mais il n'en est plus de même aujourd'hui. La terre ne rémunère plus le travailleur qu'à grand'peine et les charges fiscales vont toujours en augmentant. Aussi qu'arrive-t-il? Les campagnes se dépeuplent ; les familles émigrent pour aller chercher dans les villes une situation plus heureuse. Des chiffres permettent de préciser la gravité de ce mal. On nous a dit, preuves en mains, que, dans la Côte d'Or, le déficit de la population rurale n'a pas cessé d'augmenter depuis le commencement de ce siècle, et qu'il est actuellement de 30 0/0. C'est-à-dire que nos campagnes ont perdu près du tiers de leur population. Si cet état de choses devait se prolonger, ce serait, à bref délai et malgré l'amélioration des procédés de culture, la ruine de l'agriculture en Bourgogne.

Voilà donc le mal. Votre troisième commission a été unanime à reconnaître qu'il procédait de cinq causes principales :

1° L'instabilité politique ;
2° Le poids excessif des impôts ;
3° L'instabilité de la famille ;
4° La division indéfinie de la propriété rurale ;
5° Enfin des causes morales telles que les mauvaises mœurs, la mauvaise éducation, l'influence des lieux de plaisirs, des cabarets, de la presse révolutionnaire, etc.

Les causes de la souffrance établies, on a passé à l'examen des remèdes proposés sous la forme de vœux. La plupart ont été votés à l'unanimité. Ils se justifient et s'expliquent d'eux-mêmes. D'autres cependant ont provoqué des discussions animées.

Comment remédier à l'instabilité de la famille et à l'émiettement de la propriété rurale? En supprimant, ont répondu quelques-uns de nos collègues, la cause qui les engendre, c'est-à-dire le partage égal et forcé, tel qu'il résulte de notre loi successorale; en d'autres termes, en donnant au chef de famille une plus grande liberté testamentaire. Mais cette liberté sera-t-elle illimitée, ou bien devra-t-on se contenter d'une extension de la quotité disponible?

Quelques membres de la Commission ont fait remarquer qu'il n'appartenait pas à une réunion purement agricole de se prononcer sur un point aussi délicat; mais qu'il était suffisant d'affirmer le besoin d'une extension de la liberté testamentaire, laissant à qui de droit le soin d'étudier les moyens de donner satisfaction à ce vœu.

On a proposé un autre remède à l'émiettement de la propriété, lequel consisterait à déclarer insaisissables jusqu'à concurrence d'une certaine valeur, les domaines ruraux. On a objecté que ce serait porter atteinte au crédit; que ce serait la ruine du crédit. Cette objection n'a pas empêché les législateurs de plusieurs nations du vieux et du nouveau monde d'entrer dans cette voie.

La Commission, tout en reconnaissant qu'elle n'avait pas à sa disposition tous les éléments nécessaires à la discussion de cette question, a cru néanmoins devoir prendre en considération ce qui s'est fait, dans ce sens, à l'étranger et maintenir le vœu proposé.

Enfin, il a été présenté deux vœux d'intérêt général que la troisième Commission a cru devoir adopter à cause de leur importance au point de vue particulier des intérêts agricoles.

L'un a pour objet de réformer la jurisprudence fixée par un arrêt de la Cour de cassation en 1821, relativement aux immeubles par destination placés dans le fonds par le fermier ou le locataire. Ce vœu tend à obtenir l'ajournement jusqu'à la fin du bail, de l'effet de la saisie exercée à la requête de ses créanciers contre le fermier ou le locataire, sur son mobilier agricole ou industriel. Ce serait un retour à un vieil usage éminemment social, sauvegardant tous les intérêts en jeu, consacré par la jurisprudence antérieure à 1821.

Le second vœu, le dernier de ceux qui ont été soumis à la troisième Commission et acceptés par elle, est inspiré par le besoin d'assurer la représentation des intérêts professionnels en substituant à des groupes électoraux purement artificiels des groupements professionnels, plus aptes à choisir leurs représentants et à définir leur mandat. Ce serait, comme l'a dit l'auteur du vœu, une véritable sélection du suffrage universel.

QUATRIÈME COMMISSION

INDUSTRIE ET COMMERCE

RAPPORT DE M. LANGERON

De l'enquête qui a précédé ces assemblées, des discussions qui ont eu lieu au sein de la quatrième Commission, sont sorties un certain nombre d'idées générales, de constatations qui constitueront comme le préambule naturel à nos vœux, comme leur justification.

Ces idées sont devenues banales et il serait bien oiseux de les développer longuement ; en voici simplement l'énumération, qui n'est d'ailleurs pas limitative :

1° Disparition du respect, de l'esprit de famille, des bonnes traditions ;

2° Antagonisme séparant les différentes classes de la société qui appartiennent au monde du travail ;

3° Nécessité de réglementer certaines questions telles que le travail des enfants, des femmes, le travail de nuit, l'apprentissage, la responsabilité en cas d'accidents, les retraites, etc., mais d'autre part, crainte fondée de voir toutes ces questions délicates tranchées par une législature qui n'a pas la compétence voulue et qui ne saurait tenir compte des nécessités spéciales à tel ou tel pays, à telle ou telle profession ;

4° Envahissement de la politique, ou mieux, des politiciens dans le monde des affaires ;

5° Plaintes contre la concurrence intérieure et étrangère, sans pourtant qu'on réclame tout à fait la suppression de la liberté commerciale ou industrielle ;

6° Plaintes contre les gaspillages de l'Etat ;

7° Constatation de certains abus consistant dans l'exploitation de l'ouvrier par des agents d'affaires véreux.

Nos vœux sont la conséquence logique de ces idées générales ou mieux de ces doléances. Ils sont peu nombreux, mais paraissent suffisants. Quelques-uns d'entre eux, et j'insisterai quelque peu sur ceux-là, consacrent tout un système nouveau, une organisation nouvelle qui donnerait satisfaction à la plupart des intérêts.

Nous avons terminé par un vœu auquel nous attachons la plus grande importance et que j'aurai à peine besoin de justifier.

Un mot encore : Les vœux que nous allons vous soumettre ont été développés hier soir devant un auditoire de 200 à 300 ouvriers et patrons : ils ont été acclamés. Par une coïncidence que je suis heureux de constater, un groupe des ouvriers présents nous avait d'avance soumis un mémoire et proposé quelques vœux qui, mémoire et vœux, cadraient parfaitement avec nos idées et les reproduisaient sous une forme un peu différente.

Indépendamment des rapports qui précèdent et qui ont servi de base aux propositions des Commissions dont l'Assemblée a consacré les conclusions, d'intéressants mémoires avaient été transmis aux organisateurs de l'Assemblée et ont fourni de précieux éléments d'étude aux délibérations des Commissions.

Nous citerons parmi les auteurs de ces communications M. l'abbé Verdereau, curé de Romenay, qui avait embrassé dans ses remarquables travaux toutes les questions se rapportant à la première Commission, M. l'abbé Poinselin, supérieur du Petit Séminaire de Plombières, M. Henri Poupon, élève à l'Ecole de droit de Dijon, M. Michel Collet, de Varennes-Saint-Sauveur (Saône-et-Loire), etc.

Noms des personnes déléguées pour prendre part à l'Assemblée de Paris et désignées en même temps pour constituer la Commission de permanence.

MM. le vicomte DE MAYOL DE LUPÉ, président.
DE SAINT-LOUP, secrétaire général.

PREMIÈRE COMMISSION

MM. BRESSON, avocat à Dijon.
MARX, inspecteur général des ponts et chaussées en retraite, à Dijon.
l'abbé VERDEREAU, curé de Romenay (Saône-et-Loire).
MAURICE POISOT, avocat à Dijon.
Comte DE ROTALIER, château du Tremblay (Saône-et-Loire).

DEUXIÈME COMMISSION

MM. CANTEL, ancien premier Président, à Dijon.
JULHIET, ancien Président de Chambre, à Dijon.
Baron D'AVOUT, ancien magistrat, à Dijon.

TROISIÈME COMMISSION

MM. EMILE PÉTIOT, à Chamirey (Saône-et-Loire).
ACHILLE MAITRE, à Châtillon-sur-Seine (Côte-d'Or).
Comte SIXTE DE SAINT-SEINE, château de Longecour (Côte-d'Or).
DELIMOGES, à Pagny, par Seurre (Côte-d'Or).
ARCELIN, à Chalon-sur-Saône (Saône-et-Loire).

MM. DE FONTENAY, château de Crecey-sur-Tille (Côte-d'Or).
Baron LOMBART DE BUFFIÈRES, château de Champgrenon.
Marquis DE SAINT-SEINE, à Dijon.
Baron DE LA SERVE, à Romenay (Saône-et-Loire).
DE LAVERNETTE SAINT-MAURICE, château du Thil (Saône-et-Loire).
BOUGENOT, à Mimeure, par Arnay-le-Duc (Côte-d'Or).

QUATRIÈME COMMISSION

MM. RAGOT, industriel à Autun (Saône-et-Loire).
LANGERON, avocat à Montceau-les-Mines (Saône-et-Loire).